ISBN 978-3-649-64171-1

© 2022 Coppenrath Verlag GmbH & Co. KG

Hafenweg 30, 48155 Münster, Germany

Illustrationen: © 2022 Marjolein Bastin

Textsatz und grafische Gestaltung: Beate Kahramanlar

Redaktion: Katrin Gebhardt

www.coppenrath.de

# Wo Blumen blühen, da lächelt die Welt

## Vom Glück in der Natur

Herausgegeben von Kristina Schaefer

Illustrationen von

*Marjolein Bastin*

COPPENRATH

# Die Welt ist voller Wunder

# Blumen sind die Liebesgedanken der Natur

## Vom Zauber der Gärten

## Bäume sind Gedichte, die die Erde in den Himmel schreibt

## Komm mit in die Natur

## Kraft tanken, Stille finden

Die Welt ist voller
Wunder

## Sozusagen grundlos vergnügt

Ich freu mich, daß am Himmel Wolken ziehen
Und daß es regnet, hagelt, friert und schneit.
Ich freu mich auch zur grünen Jahreszeit,
Wenn Heckenrosen und Holunder blühen.
– Daß Amseln flöten und daß Immen summen,
Daß Mücken stechen und daß Brummer brummen.
Daß rote Luftballons ins Blaue steigen.
Daß Spatzen schwatzen. Und daß Fische schweigen.

Ich freu mich, daß der Mond am Himmel steht
Und daß die Sonne täglich neu aufgeht.
Daß Herbst dem Sommer folgt und Lenz dem Winter,
Gefällt mir wohl. Da steckt ein Sinn dahinter,
Wenn auch die Neunmalklugen ihn nicht sehn.
Man kann nicht alles mit dem Kopf verstehn!
Ich freue mich. Das ist des Lebens Sinn.
Ich freue mich vor allem, daß ich bin.

In mir ist alles aufgeräumt und heiter:
Die Diele blitzt. Das Feuer ist geschürt.
An solchem Tag erklettert man die Leiter,
Die von der Erde in den Himmel führt.
Da kann der Mensch, wie es ihm vorgeschrieben,
– Weil er sich selber liebt – den Nächsten lieben.
Ich freue mich, daß ich mich an das Schöne
Und an das Wunder niemals ganz gewöhne.
Daß alles so erstaunlich bleibt, und neu!
Ich freu mich, daß ich . . . Daß ich mich freu.

MASCHA KALÉKO

# was brauchst du

was brauchst du? einen Baum ein Haus zu
ermessen wie groß wie klein das Leben als Mensch
wie groß wie klein wenn du aufblickst zur Krone
dich verlierst in grüner üppiger Schönheit
wie groß wie klein bedenkst du wie kurz
dein Leben vergleichst du es mit dem Leben der Bäume
du brauchst einen Baum du brauchst ein Haus
keines für dich allein nur einen Winkel ein Dach
zu sitzen zu denken zu schlafen zu träumen
zu schreiben zu schweigen zu sehen den Freund
die Gestirne das Gras die Blume den Himmel

FRIEDERIKE MAYRÖCKER

# Mein Paradies

Wenn ich nun so allein für mich in diesen bezaubernden Gärten einherwandele, so fällt mir zuweilen mein Ahnherr, ich meine Adam im Paradiese, ein und habe neulich eine solche Vergleichung zwischen mir und ihm angestellt, wobei ich noch gewinne. Dass er ein schöner Kerl und wenigstens drei Fuß höher war als ich, das gebe ich ihm vor. Er wohnte im Paradiese und ich in einem Garten, der aller Wahrscheinlichkeit nach nicht viel schlechter ist. Er herrschte über die Tiere und Pflanzen in seinem Garten und ich in dem meinigen. Er ging nackend und ich trage ein altes Kleid, das nicht viel besser ist, denn wirklich haben sich an den Ellenbogen schon stark Spuren eines angefangenen Standes der Unschuld geäußert. Er durfte nicht von allen Bäumen und Früchten essen, ich darf von jedem Baum den Gebrauch machen, den ich will, davon essen oder mich daran aufhängen; alle Pflanzen stehen mir zu Befehl, von der Ananas bis zum Schierling.

GEORG CHRISTOPH LICHTENBERG

Sprach der Herr am sechsten Tage:
Hab am Ende nun vollbracht
diese große, schöne Schöpfung,
und hab alles gut gemacht.

Wie die Sonne rosengoldig
in dem Meere widerstrahlt!
Wie die Bäume grün und glänzend!
Ist nicht alles wie gemalt?

Sind nicht weiß wie Alabaster
dort die Lämmchen auf der Flur?
Ist sie nicht so schön vollendet
und natürlich, die Natur?

Erd und Himmel sind erfüllet
ganz von meiner Herrlichkeit,
und der Mensch, er wird mich loben
bis in alle Ewigkeit!

HEINRICH HEINE

# Evas Tagebuch

Samstag – Ich bin jetzt fast einen ganzen Tag alt. Ich bin gestern angekommen. So erscheint es mir jedenfalls. Und es muss wohl so sein, denn falls es ein Vorgestern gegeben hat, war ich nicht da, als es stattfand, sonst würde ich mich daran erinnern. Es könnte natürlich sein, dass es stattfand und ich bemerkte es nicht. Nun gut: Ich werde ab jetzt sehr genau Acht geben, und falls irgendwelche Vorgestern stattfinden, werde ich das festhalten. Das Beste wird sein, direkt damit anzufangen und die Aufzeichnungen nicht durcheinandergeraten zu lassen, denn irgendein Instinkt sagt mir, dass solche Details eines Tages für die Geschichtsschreiber bedeutsam sein werden. Denn ich fühle mich wie ein Experiment, ich fühle mich genau wie ein Experiment, kein Mensch könnte sich mehr wie ein Experiment fühlen als ich, und so komme ich langsam zu der Überzeugung, dass ich genau das bin – ein Experiment, nur ein Experiment, und sonst nichts.

Aber wenn ich ein Experiment bin, bin ich dann das Ganze? Nein, ich glaube nicht; ich denke, das Übrige gehört auch dazu. Ich bin zwar die Hauptsache, aber alles andere hat auch seinen Teil daran. Ist meine Stellung gesichert oder muss ich sie beobachten und mich darum kümmern? Letzteres, vielleicht. Irgendein Instinkt sagt mir, dass ewige Wachsamkeit der Preis für Überlegenheit ist. (Das ist eine sehr gute Bemerkung, finde ich, für mein zartes Alter.) Heute sieht alles schon besser aus als gestern. In der Eile des Fertigwerdens gestern blieben die Berge in einem zerrütteten Zustand und manche der Ebenen waren so mit Abfall und Geröll übersät, dass ihr Anblick ziemlich erschütternd war. Edle und schöne Kunstwerke sollten keinem Zeitdruck unterworfen werden; und diese majestätische neue Welt ist wahrhaftig ein sehr edles und schönes Werk. Und bestimmt erstaunlich nah an der Vollkommenheit, trotz des Zeitmangels. An manchen Stellen gibt es zu viele Sterne und nicht genug an anderen, aber dem kann bald noch abgeholfen werden, keine Frage. Der Mond löste sich letzte Nacht, rutschte herunter und fiel aus dem Rahmen – ein sehr großer Verlust; es bricht mir das Herz, wenn ich daran denke. Es gibt unter allen Schmuck- und Zierstücken nichts vergleichbar Schönes und Vollendetes. Er hätte besser befestigt werden müssen. Wenn wir ihn nur wiederbekommen können …

Aber man weiß natürlich nicht, wo er geblieben ist. Und außerdem, wer immer ihn findet, wird ihn verstecken; ich weiß es, weil ich es selbst auch tun würde. Ich glaube, ich kann in allen anderen Bereichen rechtschaffen sein, aber schon jetzt fange ich an zu begreifen, dass mein innerstes Wesen die Liebe zum Schönen ist, eine Leidenschaft für das Schöne, und dass es unvorsichtig wäre, mir einen Mond anzuvertrauen, der jemand anderem gehörte, ohne dass derjenige wüsste, dass ich ihn habe. Ich könnte mich von einem Mond trennen, den ich tagsüber finde, weil ich Angst hätte, jemand würde es sehen; aber wenn ich ihn im Dunkeln fände, hätte ich bestimmt eine Ausrede dafür, niemandem davon zu erzählen. Denn ich liebe Monde, sie sind so hübsch und so romantisch. Ich wünschte, wir hätten fünf oder sechs; ich würde nie zu Bett gehen; ich würde niemals müde werden, auf einem Moospolster zu liegen und zu ihnen aufzuschauen.

Sterne sind auch schön. Ich wünschte, ich könnte einige kriegen und mir ins Haar stecken, wie Blumen. Aber ich fürchte, daraus wird nichts. Es ist erstaunlich herauszufinden, wie weit sie weg sind, denn sie sehen nicht danach aus. Als sie sich zum ersten Mal zeigten, gestern Nacht, habe ich versucht, einige mit einem Stock herunterzuholen, aber er kam nicht heran, was mich erstaunte; dann versuchte ich es mit Erdklumpen, bis ich völlig erschöpft war, aber ich traf nicht einen einzigen. Das lag daran, dass ich Linkshänderin bin und nicht gut werfen kann. Selbst als ich auf einen zielte, den ich gar nicht haben wollte, traf ich den anderen nicht, obwohl ich ein paarmal dicht dran war, denn ich sah, wie der schwarze Fleck meines Klumpens vierzig oder fünfzig Mal mitten in den goldenen Haufen flog, immer nur knapp daneben, und wenn ich ein bisschen ausdauernder gewesen wäre, hätte ich vielleicht einen erwischt.

Also weinte ich ein bisschen, was wohl normal ist für jemanden in meinem Alter, und nachdem ich mich ausgeruht hatte, nahm ich einen Korb und machte mich auf an den äußersten Rand der Kreisscheibe, wo die Sterne ganz nah am Boden sind und ich sie mit den Händen greifen könnte. Das wäre sicher der bessere Weg gewesen, weil ich sie dann vorsichtig hätte einsammeln können, ohne einen zu zerbrechen. Aber es war weiter, als ich gedacht hatte, und schließlich musste ich aufgeben; ich war so müde, dass ich mich keinen Schritt weiterschleppen konnte, und außerdem waren meine Füße wund und taten mir sehr weh. Ich konnte nicht nach Hause zurückkehren, es war zu weit und es wurde kalt; aber ich fand einige Tiger und kuschelte mich zwischen sie und hatte es wunderbar bequem, und ihr Atem war süß und angenehm, weil sie sich von Erdbeeren ernähren. Ich hatte noch nie vorher einen Tiger gesehen, aber an den Streifen erkannte ich sie sofort. Wenn ich so ein Fell bekäme, gäbe das ein tolles Kleid ...

Heute habe ich schon eine bessere Vorstellung von Entfernungen. Ich war so versessen auf all die schönen Dinge, dass ich gierig danach griff, manchmal war es dann zu weit weg und manchmal war es ganz nah, schien nur einen Fußbreit entfernt – o weh, mit Dornen dazwischen! Ich habe eine Lektion gelernt; und ich habe einen Lehrsatz entwickelt, ganz aus mir selbst heraus – mein allererster: „Zerkratztes Experiment scheut den Dorn." (Ich glaube, das ist sehr gut gesagt für jemanden in meinem jugendlichen Alter.)

MARK TWAIN

# Über Gärten

Gott der Allmächtige pflanzte zuerst einen Garten, und in der Tat ist dies die reinste aller menschlichen Freuden. Es ist die größte Erfrischung für den Geist des Menschen. Ohne Gärten sind alle Gebäude und Paläste nur rohe Machwerke, und man wird stets finden, dass die Menschen im Lauf der Jahrhunderte zur Bildung und Veredelung zunächst prachtvolle Bauten errichten, ehe sie schöne Gärten anlegen – als ob der Gartenbau eine höhere Entwicklungsstufe wäre.

FRANCIS BACON

# Die Rose aus dem Garten Eden

Als Eva und Adam aus dem Paradies vertrieben wurden, waren sie unendlich traurig und betrübt. Da erbarmte sich sogar der strenge Engel am Tor des Gartens und übersah freundlich, wie Eva sich noch schnell eine Ranke aus dem Garten Eden einsteckte. Sie wollte ihr Haar damit zusammenbinden und eine kleine Erinnerung an die wunderbare Pracht im Paradies behalten. Als ihr Mann später den ersten Acker in der Welt pflügte und bestellte, pflanzte Eva den Zweig in die gelockerte Erde. Sie wärmte ihn mit dem Hauch ihrer Seufzer und begoss ihn mit dem Fluss ihrer Tränen, bis er zu wachsen begann. Zuerst zeigten sich schmerzhafte Dornen, dann aber erschienen wunderbare Blüten, die an die Schönheit im Paradies erinnerten. So wächst alles Leben, nicht ohne Klagen und Seufzer, nicht ohne Tränen und Dornen, aber immer auch mit duftenden Blüten und beglückender Schönheit.

Nach einer alten Legende

18

# Das Geheimnis der Pflanzen

Woher weiß jedes Gewächs, ganz aus sich selbst heraus, die eigene Gestalt und Farbe auszuwählen, wo doch Luft und Erde alle Färbungen und Formen enthalten, die der Schöpfer hervorgebracht hat? Das geheime Wissen der Pflanzen, vielleicht sollte man es besser Instinkt nennen, ist erstaunlich. Grabe ein Loch in die Erde und setze einen Rosenbusch hinein, fülle eine Seite mit reicher Erde und die andere mit magerem Boden – jede Wurzel dieser Rose wird von der mageren Seite auf die fette hinüberwandern. Das ist eine einfache Tatsache, aber dennoch lohnt es sich, darüber nachzudenken. Jemand hat einmal über einen Baum gesagt: „Was für eine gigantische Menge lebendig organisierter Materie hat sich hier gebündelt! Es ist Gottes eigene Architektur! Diese Fülle des Pflanzlichen ist nichts als Erde und Luft, die sich einer Verwandlung unterzogen haben. Ein Stoff wie der von wandernden Winden und rauschenden Stürmen, von sanft fallendem Nachttau und heftigem Gewitterregen hat sich hier, an dieser Stelle, transformiert." Und ich möchte hinzufügen, dass der Schöpfer diesem Stück Architektur einen lebendigen Funken, fast ein Bewusstsein, eingehaucht hat, so bemerkenswert ist dieses ideenreiche Wirken, das sich so oft an Pflanzen und Bäumen offenbart.

CELIA THAXTER

# Die Fülle in der Natur

Die Fülle in der Natur – das ist ihr höchster Reiz! Da ist nicht Eines und nicht Etwas, da ist Alles, und immer und immer frisch! Kein Mangel, keine Dürftigkeit, keine Furcht vor dem Versiegen dieses endlosen Quells wird fühlbar; man hat sein Genügen. Es ist eine großartige, stolze Natur! Das Menschenwerk schleicht ganz scheu neben ihr hin; ein Bergsturz, ein Wolkenbruch, ein Orkan kann es in jedem Augenblick vernichten. Zaghaft blickt das Auge in die Höhe wie in die Tiefe: Dort nichts als starres Gestein, in seinen Spalten mit sparsamer frostiger Vegetation bekleidet, hier der Fluss, tobend gegen Klippen getrieben, gegen Felsen wütend, dort Erstarrung und Tod; hier ein verzweiflungsvolles Leben. Doch standen kleine Blumen am Wege, gelbe und blaue. Nur am hohen Mittag kann die Sonne in diese Schlucht hineinscheinen und die Blumen färben. Was das für anspruchslose Gebilde sein müssen, um bei so wenig Sonne heiter und hübsch auszusehen, zu blühen und zu duften.

Wir meinen immer, wir hätten dazu jahraus, jahrein ein ganzes Sonnensystem uns zu Häupten nötig. Wenn wir nur Lust hätten – was könnten wir nicht alles von der Natur lernen! Dinge, mit denen wir weiter kämen als mit Botanik und Mineralogie! Aber wir sehen uns einen Augenblick ihre tiefsinnigen Bilder und Erscheinungen an und haben flüchtig einen guten Gedanken dabei – und dann fallen wir wieder ganz schwerfällig in uns selbst zurück oder verschwenden uns in nichtswürdigen Atomen an unsinnige Bestrebungen und vergessen unsre eignen guten Gedanken. Ich wenigstens kann von Glück sagen, wenn ich einmal wieder einen in mir erhasche. Allein es kommt mir doch vor, als bliebe mir von ihnen, trotz ihrer Flüchtigkeit, ein Arom in der Seele zurück wie Weihrauchduft in einer Kirche.

IDA HAHN-HAHN

In dieser Welt können die einfachsten Dinge
Wunder bewirken,
wenn du nur bereit bist, sie wahrzunehmen.
Ein Stein, der jahrelang auf dem Grund
eines Sees gelegen hat,
kann dennoch dazu verwendet werden,
Feuer zu machen.
Eine kleine Kerze kann Licht in eine Höhle bringen,
die jahrelang im Dunkeln gelegen hat.
Der Mond scheint in der Nacht und beleuchtet deinen Weg,
eine Blume wächst am Wegesrand.
Alles verändert sich, nichts ist für immer.

BUDDHISTISCHE WEISHEIT

# Von der Schönheit der Natur

Um einmal wirklich allein zu sein, muss man sich so weit wie möglich aus seinem Zimmer wie auch aus der Gesellschaft zurückziehen. Ich bin nicht allein, wenn ich schreibe und lese, obwohl niemand um mich ist. Aber wenn jemand allein sein möchte, lass ihn in die Sterne schauen. Die Lichtstrahlen, die aus den himmlischen Welten herkommen, werden klären, wer er ist und was ihn berührt. Man könnte denken, das Firmament sei so durchscheinend geschaffen in genau dieser Absicht, dem Menschen mit den Himmelskörpern die unendliche Gegenwart des Erhabenen zu präsentieren …

**Die Sterne erwecken besondere Ehrfurcht, weil man sie, obwohl sie immer da sind, nicht greifen kann.** Aber alle Dinge der Natur lösen ein ähnliches Gefühl aus, wenn das Gemüt für ihre Wirkung offen ist. Die Natur hat nie ein niederes Erscheinungsbild. Und auch der klügste Mensch wird ihr niemals ihr Geheimnis abzwingen, sondern seinen Wissensdrang aufgeben, sobald er ihre ganze Vollkommenheit erkannt hat. Keinem weisen Geist ist die Natur je zum Spielzeug geworden … Um offen zu sein, nur wenige Erwachsene können die Natur sehen. Die meisten Menschen bemerken die Sonne nicht. Jedenfalls haben sie nur eine sehr oberflächliche

Wahrnehmung. Die Sonne erhellt beim Erwachsenen lediglich das Auge, aber sie scheint in das Auge wie in das Herz eines Kindes.

**Naturliebende sind Menschen, deren innere und äußere Sinne noch wirklich miteinander im Einklang sind.** Sie haben das Gemüt der Kindheit bis ins Erwachsenenleben bewahrt. Ihr Umgang mit Himmel und Erde wird Teil ihrer täglichen Nahrung. In der Gegenwart der Natur durchbebt sie wilde Freude, trotz realer Sorgen. Die Natur sagt: Du bist mein Geschöpf und sollst jenseits deiner sonstigen Kümmernisse mit mir fröhlich sein. Nicht nur die Sonne und der Sommer, jede Stunde und Jahreszeit bringt ihren Beitrag zur Freude; denn jede Stunde, jeder Wechsel entspricht einem anderen Zustand des Gemüts und setzt ihn frei, vom atemberaubenden Mittag bis zur finstersten Mitternacht ...

**Ich fühle, dass mir nichts im Leben zustoßen kann –** keine Schmach, kein Unglück (solange meine Augen mir erhalten bleiben), das die Natur nicht heilen kann. Wenn ich auf dem Erdboden stehe, meinen Kopf in der herrlichen Luft bade und mich aufrichte zum unendlichen Universum – dann schwindet jede gewöhnliche Selbstverliebtheit… Ich bin Liebender grenzenloser und unendlicher Schönheit. In der freien Natur finde ich etwas Wertvolleres und Verwandteres als in den Straßen der Stadt. In der stillen Landschaft und vor allem in der fernen Linie des Horizonts erblickt der Mensch etwas so Schönes wie seine eigene Natur.

RALPH WALDO EMERSON

Die meisten Menschen wissen gar nicht,
wie schön die Welt ist und wie viel Pracht
in den kleinsten Dingen, in irgendeiner Blume,
einem Stein, einer Baumrinde oder einem Birkenblatt
sich offenbart. Die erwachsenen Menschen,
die Geschäfte und Sorgen haben und sich mit
lauter Kleinigkeiten quälen, verlieren allmählich ganz
den Blick für diese Reichtümer, welche die Kinder,
wenn sie aufmerksam und gut sind, bald bemerken
und mit dem ganzen Herzen lieben.
Und doch wäre es das Schönste,
wenn alle Menschen in dieser Beziehung
immer wie aufmerksame und gute Kinder bleiben wollten,
einfältig und fromm im Gefühl, und wenn sie die Fähigkeit
nicht verlieren würden, sich an einem Birkenblatt oder
an der Feder eines Pfauen oder an der Schwinge einer
Nebelkrähe so innig zu freuen wie an einem großen Gebirge
oder einem prächtigen Palast.
Das Kleine ist ebenso wenig klein als das Große groß ist.
Es geht eine große und ewige Schönheit
durch die ganze Welt, und diese ist gerecht
über den kleinen und großen Dingen verstreut.

RAINER MARIA RILKE

# Die Welt ist allezeit schön

Im Frühling prangt die schöne Welt
in einem fast smaragdnen Schein.

Im Sommer glänzt das reife Feld
und scheint dem Golde gleich zu sein.

Im Herbste sieht man als Opalen
der Bäume bunte Blätter strahlen.

Im Winter schmückt ein Schein wie Diamant
und reines Silber, Flut und Land.

Ja kurz, wenn wir die Welt aufmerksam sehn,
ist sie zu allen Zeiten schön.

BARTHOLD HEINRICH BROCKES

Blumen sind
die Liebesgedanken
der Natur

# Das Lied der Blume

Ich bin ein Wort, das die Natur gesprochen
und dann, zurückgenommen,
in ihrem Herzen barg,
um es ein zweites Mal zu äußern.
Ich bin ein Stern, der einst vom blauen Himmel
auf einen grünen Teppich fiel.

Ich bin der Elemente Tochter:
im Winter getragen,
vom Frühling geboren,
erzogen vom Sommer;
der Herbst legt mich zur Ruh.

Ich bin ein Geschenk für Liebende
und eine Hochzeitskrone.
Ich bin die letzte Gabe der Lebenden an die Toten.

Wenn der Morgen kommt,
künden ich und der Wind
vom Licht.
Und am Abend sagen die Vögel und ich ihm Lebewohl.

Ich schwebe über den Ebenen
und verschönere sie.
Ich schicke meinen Wohlgeruch in die Lüfte.
Ich umarme den Schlummer,
und die mannigfaltigen Augen der
Nacht blicken lange auf mich.
Ich suche das Erwachen, um auf das einzige
Auge des Tages zu schaun.

Ich trinke von des Taues berauschendem Nass
und höre der Amsel Lied.
Ich tanze zum Rhythmus des sich wiegenden Grases
und blicke immer zum Himmel, das Licht zu sehen,
nicht, um darin mein Bild zu betrachten.
Dies ist eine Weisheit, die der Mensch noch nicht kennt.

KHALIL GIBRAN

31

# Die Geister der Natur

Das ist ein Reimen und Treiben und Blühen, ein Austausch von Licht und Luft; der Wind weht emsig die Atmosphäre rein, das Wasser tränkt rastlos seine Ufer, die Bäume recken sich zum Himmel auf und streuen Schatten oder Früchte um sich, die Blumen geben auch, was sie haben: ihre Schönheit. Und das dauert von Sonnenaufgang bis -untergang. Dann wird's Abend, und dann scheint's, als hätten sie ihr Tagewerk vollbracht und dürften sich ein wenig ihrer Neigung überlassen. Und sie sind sehr verschieden gestimmt, die Geister der Natur, o sehr! Zuweilen welch ein himmlischer Friede, welch ein Ruhen an Gott; in süßer, träumerischer Ekstase, lautlos, regungslos, begnügt strecken sie sich aus, und ein andächtiges Gebet geht ihrem Schlaf vorher; das ist meist im hohen Sommer. Zuweilen haben sie ihre Verzweiflungen: stürmendes Verlangen, zerbrechende Kämpfe; eine Zeit ist aus, die neue soll beginnen; dort sind sie nicht mehr heimisch und hier noch nicht; sie haben sich noch keinen Platz erobert und die alte Welt genügt ihnen doch nicht mehr; das ist im März, wenn der leidenschaftliche Südwestwind anhebt und mit seinem Hauch den Schnee zerschmilzt und dem Winter seine Beute abjagt. Zuweilen haben sie geheimnisvolle, selige Feste; dann tauschen sie wundersame Mysterien gegeneinander aus; die Blumen duften stärker, die Wasser rauschen höher auf, durch die Bäume rieselt ein Schauer. Was geschieht ihnen? Ich weiß es nicht, die Nacht deckt es zu …

IDA HAHN-HAHN

# Das Schneewunder

Kaum schienen wieder die ersten Strahlen der warmen Märzensonne, da machte sich der Winter auf die Reise. Zuerst nahm er im Wald von Gorelowska die weißen Spitzenbänder von den Bäumen, später räumte er Felder und Wiesen, damit die Vögel, die aus dem Süden heimkehrten, Platz hätten, sich niederzusetzen. Dann zog er von dannen. Nur ein kleiner Schneehügel blieb zurück.

Der lag unter einer jungen, kleinen Birke und zitterte. Und die Birke schaute zu, wie er zusammenrutschte und ein Rinnsal aus ihm herausfloss. Mit jedem Tag wurde der Hügel kleiner und das Bächlein schneller. Die Birke verstand nicht, warum der Schnee zerging, und fragte ein ums andere Mal: „Was ist mit dir? Du magerst ab vor meinen Augen! Bist du krank?"

Ein Schauer ging durch den Schnee, die Sonne wärmte ihn, und er flüsterte: „Ich magere nicht ab, ich vergehe."

Von den alten, erwachsenen Bäumen hatte die Birke gehört, dass man vor Liebe vergehen könnte. So glaubte sie, der Schneehügel vergehe aus lauter Liebe zu ihr. Das machte sie sehr glücklich.

Mit ganzer Kraft streckte sie sich der Sonne entgegen, um sich schneller zu erwärmen und Blätter zu bekommen. Sollte der Schnee doch sehen, wie schön grün sie würde! Aber der zitterte immer mehr, schaute zum Himmel empor und flüsterte: „Bald ist es soweit, sehr bald, das fühle

ich. Hörst du, kleine Birke, nur noch wenige Tage." Mehr
verriet er nicht. Sie aber ahnte, bald wäre es so weit, dass er
ihr seine Liebe gestände. Sie streckte ihre Zweige der Sonne entgegen und bat: „Leuchte heller noch, Sonne, damit
ich noch rascher grün werde!" Sie sagte aber nicht, dass
sie um des Schneehügels willen grün werden wollte. Sie
dachte, die Sonne wüsste das sowieso.

Strahlend schien die Sonne. Sie leuchtete so stark, dass
alle Bäume ringsum im hellen Sonnenlicht blinzelten, und
es war zu hören, wie die Knospen an ihren Zweigen sich
reckten und aufbrachen. Dann kam ein Abend.

Da sprach der Schnee: „Die Nacht verspricht warm zu
werden. Heute wird es geschehen. Hörst du mich, kleine
Birke? Heute Nacht. Schlaf nicht ein, du wirst ein Wunder erleben." „Ich freue mich so", antwortete die Birke
und bebte. Doch als die Nacht hereinbrach, kam Nebel
auf und überflutete den ganzen Wald. Mit seinem fahl-
blauen Tuch deckte er die Erde zu, dass nichts zu sehen
war. Die Birke hörte, wie es im Nebel sich regte und be-
wegte, und sie rief: „Schnee, lieber Schnee!" Doch niemand antwortete.

Erst ums Morgenrot schlief sie ein. Und als sie gegen Abend erwachte, wollte ihr das Herz stillstehen vor
Schreck. Dort, wo noch gestern der Schnee geleuchtet hatte, schauten ganz spitze Keime aus der Erde. Sie wurden
von Stunde zu Stunde kräftiger und hoben sich deutlich
vom Boden ab. Als zwei Tage vergangen waren, wussten

alle Bäume im Wald, das waren Schneeglöckchen. Weiß und leuchtend standen sie im Sonnenlicht.

„Jetzt ist mir klar, lieber Schnee, welches Wunder du gemeint hast", sprach die Birke, blickte lange die Schneeglöckchen an, und ein Zittern ging durch ihr grünes Laub. Sie glaubte, die Blumen kämen vom Schnee, der aus Liebe zu ihr vergangen wäre. Und sie war sicher, jede Blume im Wald entstünde aus Liebe. Sie wandte sich an die anderen Bäume und sprach: „Wisst ihr, was Liebe ist? Liebe ist eine große Sonne. In ihrem Glanz zerfließt selbst der Schnee und wandelt sich in Blumen."

BRÜDER BONDARENKO

# Gänseblümchen und Löwenzahn

7. Mai --- Wie glücklich war ich! Ich erinnere mich an keine vollkommenere Zeit seit den Tagen, als ich noch zu klein war für den Unterricht und mit meinem zuckerbestreuten Elf-Uhr-Butterbrot hinausgeschickt wurde auf den Rasen, der dicht übersät war von Löwenzahn und Gänseblümchen. Der Zucker auf dem Butterbrot hat seinen Zauber verloren, aber Löwenzahn und Gänseblümchen liebe ich sogar noch leidenschaftlicher als damals, und niemals könnte ich ertragen, dass sie alle abgemäht werden, wüsste ich nicht sicher, dass sie in einem oder zwei Tagen ihre Gesichtchen wieder nach oben recken, genauso munter wie eh und je.

Während jener sechs Wochen lebte ich in einer Welt von Löwenzahn und Lebenslust. Ganze Löwenzahnteppiche bedeckten die drei Rasenflächen – früher war es mal Rasen, aber lange schon zur Wiese erblüht mit allerlei hübschem Unkraut – und unter und zwischen den Gruppen kahler Eichen wuchsen scharenweise blaue Leberblümchen, weiße Anemonen, Veilchen und Scharbockskraut. Letzteres entzückte mich besonders mit seiner hellen, fröhlichen Pracht, so hübsch adrett und frisch lackiert, als hätten auch bei ihm die Anstreicher ihr Werk getan. Als dann die Anemonen verblüht waren, tauchten vereinzelt Immergrün und Weißwurz auf, und wie auf einen Schlag erblühten alle Vogelkirschen. Und dann, noch bevor ich mich ein wenig an die Freude über ihre Blütenpracht vor dem weiten Himmel gewöhnt hatte, erschien der Flieder – ganze Massen von Flieder: in Büscheln über den Rasen verstreut, zusammen mit anderen Bäumen oder Sträuchern längs der Wege, und ein großer zusammenhängender Fliederwall zog sich direkt hinter der Westfassade des Hauses hin, eine halbe Meile lang, soweit man sehen konnte, und leuchtete

herrlich vor einem Hintergrund von Kiefern. Wenn diese Zeit kam und wenn dann, noch ehe sie vorbei war, auch alle Akazien erblühten und vier Büsche blasser silberrötlicher Pfingstrosen unter den Südfenstern aufgingen, war ich so überglücklich, so selig und dankbar, wie ich es gar nicht beschreiben kann. Meine Tage schienen in einem Traum rosaroten und purpurnen Friedens dahinzuschmelzen.

ELIZABETH VON ARNIM

# Das Märchen vom Löwenzahn

Auf einer wunderschönen Frühlingswiese streckte ein Löwenzahn seinen Blütenstern der Sonne entgegen. Am Morgen begrüßte er mit seinem strahlenden Lächeln den neuen Tag, und wenn die Dämmerung über das Land zog, kuschelte er sich in seinen grünen Blütenkelch und schlief ein. Viele Freunde und Freundinnen wuchsen um ihn herum und jeden Morgen begrüßten sie einander mit einem fröhlichen Lachen.

Eines Tages setzte sich ein zarter, bunter Schmetterling mitten in den Blütenstern. Das kitzelte den kleinen Löwenzahn und machte ihn ganz kribblig. „Wo kommst denn du her?", fragte er den Schmetterling. „Du hast ja keinen Stängel und keine Wurzel? Ich sehe nur ganz wunderschöne Blütenblätter. Was für eine eigenartige Blume bist du bloß?"

„Ich bin aber keine Blume!", rief der Schmetterling ganz entrüstet. „Ich brauche keinen Stängel und keine Wurzel. Ich kann fliegen!"

Der Löwenzahn wurde ganz aufgeregt, wackelte mit seinem Stängel, zupfte leicht an seiner Wurzel und war sehr froh, als er spürte, dass sie so fest in der Erde steckte. „Was ist denn das – fliegen?", fragte er den kleinen Gaukler auf seiner Blüte.

„Etwas ganz Herrliches! Ich flattere einfach mit meinen Flügeln hin und her und lasse mich durch die Luft tragen.

So kann ich überall sein, wo es mir gefällt. Weißt du, da draußen auf der Wiese gibt es noch so viele schöne Blumen – rote, blaue, violette, gelbe. Wo es mir Spaß macht, kann ich mich niederlassen. Ich kann eine schöne Blüte küssen, süßen Nektar trinken, Geschichten erzählen und dann wieder weiterfliegen. Es ist ein herrliches Leben! Wie muss es doch für dich so langweilig sein, immer am selben Platz zu stehen und immer dieselben Blumen zu sehen. Ha, wie schön ist doch die weite Welt! Leb wohl, vielleicht komme ich auch einmal wieder bei dir vorbei" – und weg war der schöne, bunte Schmetterling.

Nachdenklich schaute der Löwenzahn dem kleinen Falter nach. Sollte es wirklich so schön sein in der weiten Welt? War seine Sonnenwiese nicht der allerschönste Platz? So grübelte er den ganzen Tag, bis ihm die Nachtfee über sein Blütenköpfchen streichelte. Dann kuschelte er sich in seinen grünen Kelch und schlief ein.

Viele Wochen lang starrte der kleine Löwenzahn den Schmetterlingen, Bienen, Hummeln, Käfern und Libellen nach, und er wurde immer trauriger und sehnsüchtiger.

Immer wieder zupfte und zerrte er an seiner Wurzel, aber sie hielt fest und ließ ihn nicht frei. Dieses Mal entdeckte die Nachtfee viele Tränen in seinem Blütenkelch, und es überkam sie ein tiefes Mitleid. Behutsam streichelte sie jedes einzelne Blütenblättchen und unter ihrer zarten Hand verwandelten sie sich in duftige Schirmchen, so fein wie Spinnenweb und so leicht wie Flaum. „Nun kannst du

fliegen, wohin du willst! Vor dir liegt die große, schöne Welt! Nun kann dich deine Wurzel nicht mehr festhalten", flüsterte ihm die Nachtfee noch ins Ohr, bevor sie verschwand.

Wie groß war sein Erstaunen, als er am anderen Morgen aufwachte. Wo war sein gelbes Blütenkleid geblieben? Er stand da in einem federleichten Tanzkleidchen und breitete stolz viele, viele Schirmchen aus. Er war ganz anders geworden. So leicht war ihm noch nie ums Herz gewesen. „Nimmt mich denn keiner mit?", rief er. „Ich würde so gerne fliegen, schweben, gleiten!" „Hui, hui, flieg mit mir um die Wette! Komm, komm!", pfiff der Wind und wirbelte die Schirmchen hoch in die Luft.

Nun konnte sich der Löwenzahn über die ganze Welt verbreiten. Rauf und runter, kopfüber und kopfunter, über die Wiese weg, knapp an einem hohen Eichbaum vorbei – der kleine Löwenzahn kam aus dem Staunen nicht heraus.

Da warf ihn der Wind auf einen harten Stein und ließ ihn dort liegen. Es wurde kalt und der kleine Löwenzahn wurde durstig und müde. Aber da war niemand, der ihm etwas zu trinken geben konnte. Der Stein war starr und stumm und konnte ihm nicht helfen. Wie sehr sehnte sich nun der Löwenzahn nach einer Wurzel. Aber der Wind hatte ihn noch nicht vergessen. Noch einmal wirbelte er das Schirmchen hoch in die Luft, und noch einmal fühlte der Löwenzahn das beglückende Gefühl in sich, leicht und schwerelos zu sein. Er sah die ganze Pracht einer Som-

merwiese unter sich, und langsam ließ ihn ein zarter Luft-
hauch zur Erde hinuntergleiten.

Nun schmiegte er sich ganz fest in das warme Erdreich und
wollte ganz darin versinken. Zwar war es herrlich gewesen
draußen in der Welt, und er hatte wunderschöne Dinge
erlebt. Aber nun wusste er, dass er ohne seine Wurzel nicht
sein konnte. Er dehnte und streckte sich. Das schmerzte
so sehr, dass er fast die Besinnung darüber verlor. Er fühlte, wie etwas in ihm zersprang. Aber in all dem Schmerz
wuchs ihm langsam eine neue Wurzel. Ein neuer Stängel
mit einer kleinen Knospe drängte dem Licht entgegen.

SUSE ANTHONY

Ja, es umgibt uns eine neue Welt!
Der Schatten dieser immergrünen Bäume
wird schon erfreulich. Schon erquickt uns wieder
das Rauschen dieser Brunnen, schwankend wiegen
im Morgenwinde sich die jungen Zweige.
Die Blumen von den Beeten schauen uns
mit ihren Kinderaugen freundlich an.
Der Gärtner deckt getrost das Winterhaus
schon der Zitronen und Orangen ab,
der blaue Himmel ruhet über uns,
und an dem Horizonte löst der Schnee
der fernen Berge sich in leisen Duft.

JOHANN WOLFGANG VON GOETHE

Überall scheint die Natur ganz gegenwärtig. In der Flamme eines Lichts sind alle Naturkräfte tätig, und so repräsentiert und verwandelt sie sich überall und unaufhörlich, treibt Blätter, Blüten und Früchte zusammen, und ist mitten in der Zeit gegenwärtig, vergangen und zukünftig zugleich; und wer weiß, in welche eigne Art von Ferne sie ebenfalls wirkt und ob nicht dieses Natursystem nur eine Sonne ist im Universum…

Es sind nicht die bunten Farben, die lustigen Töne und die warme Luft, die uns im Frühling so begeistern. Es ist der stille weissagende Geist unendlicher Hoffnungen, ein Vorgefühl vieler froher Tage des gedeihlichen Daseins so mannigfaltiger Naturen, die Ahnung höherer ewiger Blüten und Früchte und die dunkle Sympathie mit der gesellig sich entfaltenden Welt.

NOVALIS

# Blumen

Ich habe Blumen gekauft! Jetzt leben überall
Blumen. Auf jedem Tisch. Auf dem Regal.
Auf dem Teewagen. Und ich denke inmitten
von Blumen. Und ich fühle inmitten von
Blumen. Und ich träume inmitten von Blumen.
Und weiß, für heute bin ich gerettet. Kein
Blick lässt mich fallen. Kein Wort lässt mich
allein. Kein Schritt lässt mich zweifeln. Die
Zeit berührt. Das Leben ist da!

Ich habe Blumen gekauft. Jetzt reden überall
Blumen. Mit jeder Wand. Mit jedem Fenster.
Mit jedem Stuhl. Und ich sehe inmitten von
Blumen. Und ich lerne inmitten von Blumen.
Und ich höre inmitten von Blumen. Und weiß,
für heute bin ich gerettet. Kein Tag lässt mich
weinen. Kein Mensch lässt mich hassen. Kein
Stern lässt mich streiten. Das Licht sieht.
Die Liebe ist da!

Ich habe Blumen gekauft. Jetzt spielen überall
Blumen. Mit jedem Bild. Mit jedem Kissen.
Mit jedem Buch. Und ich liebe inmitten von
Blumen. Und ich lebe inmitten von Blumen.
Und ich gebe inmitten von Blumen. Und weiß,
für heute bin ich gerettet. Kein Himmel lässt
mich suchen. Kein Schmerz lässt mich reden.
Keine Waffe lässt mich fühlen. Das Kind redet.
Die Kunst ist da!

Ich habe Blumen gekauft. Und die Welt ist da.
Mitten in meinem Zimmer. Lässt die Blumen
leben. Lässt die Blumen reden. Lässt die
Blumen spielen. Und das Leben ist überall. In
Wänden, die hören. In Stühlen, die denken. In
Bildern, die sehen. Zeit, die mit Blumen weckt.
Licht, das mit Blumen wacht. Kunst, die mit
Blumen wartet. Das Leben im Zimmer.
Tage wie Blumen!

KLAUS LUTZ

# Die Blume der Liebe

### Kapuzinerkresse

Er war ein Handwerksbursche. Fleißig und ehrlich und zufrieden mit seinem Leben. Bis zu dem Tag, an dem er aufgeregtes Geschrei und Gepolter hörte. Er zwängte sich durch die Menschenmenge bis an den Rand der Straße. Die königliche Kutsche fuhr durchs Dorf – das kam alle Jahre einmal vor! Aus dem Fenster der Kutsche winkte die Prinzessin. Als der Handwerksbursche, der Minuten zuvor noch seiner Arbeit nachgegangen war, ihr Gesicht sah, stand für ihn einen Augenblick lang die Weltkugel still, verflogen die Menschen, Tiere, Häuser rund um ihn, und alles, was es auf der Erde noch gab, waren dieses Mädchen und er. Für einen langen Augenblick.

Die Kutsche und die winkende Prinzessin wurden immer kleiner, die Menge verlief sich. Nur der Handwerksbursche stand noch da. Er wusste nicht, ob der Wind sein Atem, der Himmel sein Auge und die Stille sein Ohr war: Die Liebe war erbarmungslos über ihn hergefallen!

Er konnte nicht mehr arbeiten, konnte nicht mehr schlafen, konnte nicht mehr essen. Wäre es nur die Liebe gewesen, gut. Aber was ihn plagte, war, dass die Königstochter für ihn wegen seiner geringen Abstammung völlig unerreichbar bleiben würde. Er würde sie nicht einmal mehr zu Gesicht bekommen.

„Wie ungerecht die Welt doch ist!", seufzte er und wurde immer dünner und dünner.

Die Prinzessin aber unterschied sich von üblichen Prinzessinnen dadurch, dass sie weder eingebildet noch eitel noch faul war. Sie liebte Blumen und Kräuter über alles, und am liebsten hätte sie sich einen Gärtner zum Mann genommen.

Stattdessen musste sie sich mit allen möglichen Brautwerbern herumschlagen, Prinzen, die meist schrecklich langweilig waren und von Blumen absolut nichts wissen wollten.

„Wie ungerecht die Welt doch ist", seufzte sie und wurde immer unglücklicher und unglücklicher.

Eines Tages kam ihr die Idee, die Brautwerber nicht nach üblichen Methoden auszuwählen. Sie verlangte also keine Drachenköpfe, Ritterohren oder Wett-Trinkgelage – sie wollte die Blume der Liebe haben!

„Die Blume der Liebe?", riefen die Prinzen, als sie von dieser seltsamen Aufgabe hörten. „Welche soll das sein?"

Der Handwerksbursche war schon dünn wie eine Spinne, als er auf dem Marktplatz das neueste, königliche Gerücht hörte: Die Prinzessin wünschte sich den zum Mann, der ihr die Blume der Liebe bringen würde.

Da regte sich im Handwerksburschen ein wenig Hoffnung.

„Die Blume der Liebe", sagte er immer wieder vor sich hin.

„Ich muss sie finden. Wenn es sie wirklich gibt, wird meine Liebe mich zu ihr führen. Und wenn ich sie sehe, werde ich wissen, dass sie es ist, die ich gesucht habe!"

Noch am selben Tag machte sich der Bursche auf den Weg. Er wanderte durch Ebenen, überquerte hohe Berge, er suchte in abgelegenen Tälern und in Gärten feiner Häuser.

Oft dachte er schon, jetzt hätte er sie gefunden, aber die schönen Blumen zeigten nur ihre Schönheit, die duftenden ihren Duft, die farbenprächtigen ihre Farben – die Blume der Liebe war nicht darunter.

Nach vielen Monaten kam er ans Meer und glaubte, nun am Ende der Welt angelangt zu sein.

„Sollte es diese Blume doch nicht geben? Was war es dann, was mich bis hierher gebracht hat?" Und er spürte die Liebe so stark wie nie zuvor in seinem Herzen und er stieg in ein Boot und segelte die orangefarbene Straße entlang, von der Sonne für ihn ins Wasser gebaut.

Die Liebe brachte ihn weit hinter den Horizont.

„Wo bin ich hier?", fragte der Handwerksbursche.

„In Peru", antworteten die Menschen, die eine andere Haut trugen als er.

„Finde ich hier die Blume der Liebe?"

„O ja, die Blume der Liebe!", lachten die Leute. „Du wirst sie bei uns finden!" Der Bursche war außer sich vor Freude und Glück – nach tausenmal fragen hatte er zum ersten Mal eine Antwort erhalten! Nun stand er knapp vor seinem Ziel. Er marschierte ins Landesinnere und traf viele, viele Blumen, die er nie zuvor gesehen hatte. Am Abend des ersten Tages seiner Wanderung in Peru lag er lange mit offenen Augen unter dem Sternenland und träumte von seiner Prinzessin. Plötzlich sah er, nicht weit entfernt, tausend kleine, feurige Funken durch die Luft wirbeln. Er sprang auf und schlich näher, um Nachschau zu halten, woher das geheimnisvolle Feuer wohl käme. Je näher er heranrückte, desto mehr hatte er das Gefühl, als würde es ihm den Hals abschnüren. Irgendetwas lag in der Luft, von dem er nicht wusste, woher es kam. Nun war er nah genug, um zu erkennen, dass die Funken aus der Erde zu sprühen schienen. Und als der Mond es endlich geschafft hatte, die aufdringlichen Wolken zum Gehen zu bewegen und er sein Silberlicht anknipsen konnte, da sah der Handwerksbursche aus dem fernen Land, was er so lange gesucht hatte: eine Blume, die kein Auge für ihre Farbenpracht, keine Nase für ihren Duft, keinen Namen für ihre Schönheit brauchte. Wenn man sie sah, roch, befühlte, empfand man nur

Wärme – Herzwärme! Sie hatte so viel davon, dass sich die Wärme ihres Herzens am kalten Atem der Welt entzündete! „Die Blume der Liebe", murmelte der Bursche und wusste, dass er es geschafft hatte. Vor ihm lag nun der größte Schatz der Welt, der Schlüssel zur Liebe, der ihm alle Tore auf dem Weg zu seiner Prinzessin öffnen würde.

Er sammelte so viele Blumen der Liebe, wie er nur konnte, und machte sich auf den Heimweg. Im Hafen der Stadt am Meer suchte er nach einem Boot, das ihn so rasch als möglich in die Heimat bringen sollte. Dabei stieß er auf eine Gruppe von Menschen, die um einen Matrosen standen, der auf dem Pflaster lag.

„Was hat der Mann?", fragte der Bursche. – „Die Seefahrerkrankheit, den Skorbut." – „Kann man ihm nicht helfen?" „O ja, das könnte man schon. Mit der Blume der Liebe."

„Mit der Blume der Liebe?", wiederholte der Bursche. „Ich habe welche bei mir. Aber ich muss sie weit fortbringen, sie sind für meine Prinzessin, die …" Da sah er den kranken Mann vor sich liegen und dachte: Ich habe doch so viele davon, die müssten für die Prinzessin und den Mann reichen. Er gab dem Kranken die Hälfte seiner Blumen und wünschte ihm viel Glück.

Als er auf der anderen Seite des Meeres wieder aus dem
Boot stieg, hatte er das Gefühl, als sei die Kraft der Blume
der Liebe noch stärker geworden. Seine Augenerkannten
plötzlich Dinge, die sie vorher nie wahrgenommen hatten, seine Ohren hatten lauschen gelernt, und sein Herz
war wie eine Hand, die alles erfühlt. Er wanderte Tag und
Nacht, ruhte sich nur aus, wenn die Füße gar nicht mehr
wollten.

Als er irgendwo in einer Herberge übernachtete, wurde er
mitten in der Nacht von Stöhnen und Schreien geweckt.
Er ging den Lauten nach und fand eine Frau, die aus einer
großen Wunde blutete. „Nichts will das Blut stillen und
die Wunde schließen", sagte ihr Mann. „Wir haben schon
alles versucht, vergeblich. Eine Kräuterfrau erzählte von
einer Blume, deren Blätter Wunder wirken sollen. Aber
eine Handvoll dieser Blätter aus einem fernen Land kostet
so viel, wie ich in einem Jahr nicht verdienen kann!

„Wie heißt diese Blume?"

„Man nennt sie die Blume der Liebe."

Der Handwerksbursche zuckte zusammen. Wenn er der
Frau die Hälfte seiner Blumen gäbe, würde die andere
Hälfte wohl noch reichen, um die Liebe der Prinzessin zu
erlangen?

„Wartet", sagte der Jüngling, holte die Blumen der Liebe hervor und gab die Hälfte davon den Leuten.

Eine Handvoll Blumen war ihm noch geblieben. Damit eilte er der Heimat entgegen, und nach langer, mühsamer Reise stand er endlich wieder vor den Toren seiner Stadt.

„Ich werde mich ausschlafen und den Blumen Zeit geben, sich an ihre neue Heimat zu gewöhnen."

Sieben Tage und sieben Nächte schlief er, dann machte er sich auf das letzte kurze Stückchen Weg zum Schloss der Prinzessin. Die Blume der Liebe war schön, duftend und farbenprächtig wie nie zuvor. Gerade als er die Hand ausstreckte, um an das Tor zu pochen, klopfte ihm jemand auf die Schulter. Er drehte sich um, und da stand ein Bettler mit einem Kind vor ihm.

„Junger Mann", sagte er, „mein Kind ist krank und schwach und wird sterben. Ich habe von einer Blume gehört, die soll die Kraft der Welt in sich tragen."

„Wie heißt diese Blume?", frage der Handwerksbursche und ahnte schon die Antwort.

„Sie soll Blume der Liebe heißen." Der Jüngling blickte auf das blasse Kind, das kaum noch atmete, und sah den langen Weg, der er hinter sich hatte. Er sah die feurigen Funken der Blume, als er sie damals in Peru entdeckte, und sah die Prinzessin, wie sie auf die Blume wartete.

„Hier hast du meine Blumen", sagte er, „das Kind muss leben."

Ohne eine einzige Blume pochte er an das Tor und verlangte, zur Prinzessin geführt zu werden. Zuerst wollte man den mageren Handwerksburschen gar nicht vorlassen, aber ein eigenartiger Duft ging von ihm aus, dass sich ihm alle Türen öffneten.

„Ich bringe euch die Blume der Liebe", sagte er schüchtern. „Wo ist sie?", rief der Hofstaat. „Ich trage sie in meinem Herzen."– Das haben schon viele vor dir gesagt", rief der Hofstaat. Und dann begann der Handwerksbursche seine Geschichte zu erzählen.

FOLKE TEGETTHOFF

## Der Schmetterling
## ist in die Rose verliebt

Der Schmetterling ist in die Rose verliebt,
umflattert sie tausendmal,
ihn selber aber, goldig zart,
umflattert der liebende Sonnenstrahl.

Jedoch, in wen ist die Rose verliebt?
Das wüsst ich gar zu gern.
Ist es die singende Nachtigall?
Ist es der schweigende Abendstern?

Ich weiß nicht, in wen die Rose verliebt;
ich aber lieb euch all:
Rose, Schmetterling, Sonnenstrahl,
Abendstern und Nachtigall.

HEINRICH HEINE

# Der Schmetterling und die Blumen

„Ich wüsste gerne, was der Schmetterling den Blumen zu sagen hat!" Nachdenklich sah Alma ihre Schwester Klara an. „Rastlos schwebt er von einer zur andern, und wo er sich niederlässt, da ist es, als glänzten die Blütensterne noch einmal so hell und so freundlich. Ich muss dann immer denken, dass er ihnen etwas besonders Liebes und Tröstliches anvertraut."

„Lass den Flattergeist seiner Wege ziehn!", antwortete Klara. „Was wird er den Blumen schon verkünden? Nichts, als dass er sie schön findet und nach diesem Geständnis weiterzuziehen gedenkt. So ein Schmetterling ist bestimmt ein großer Schmeichler, darum haben ihn die Blumen in ihrer Eitelkeit so gern!"

„Nein", entgegnete Alma, „das glaube ich nicht! Schau nur, wie der Schmetterling dort die welke Lilie umkreist und sich zu ihr hinablässt, als wollte er ihr ein freundliches Abschiedswort sagen. Jetzt kommt er zurück und neigt sich ihr noch einmal zu, wie ein Engel des Friedens. Ich bin sicher, seine Sprache ist von viel ernsterer Bedeutung."

„Dann erzähl doch mal, was du von ihr verstanden hast?", neckte Klara ihre Schwester, die das Treiben des Falters mit ernstem Schweigen betrachtete.

„Lach mich ruhig aus", sagte Alma, „aber mir kommt es vor, als wäre der Schmetterling so innig mit der Blumenwelt vertraut, weil ihre Vergänglichkeit ihn rührt und er ihren Schmerz versteht. Vielleicht ist er dazu bestimmt, ihre letzte Stunde mit froher Hoffnung zu erfüllen? Er könnte ihnen das Geheimnis seines eignen Lebens anvertrauen: wie er sein erstes Kleid abgelegt hat und wie ihm dann ein so viel schöneres geschenkt worden ist. Ich glaube, die Blumen fühlen auch ihren Tod, und je reizvoller ihr kurzes Dasein war, umso trauriger muss diese Vorstellung für sie sein. Stell dir vor, dass der Schmetterling der Herold des kommenden Frühlings ist, dass er in die welken Blumen den Trost des Wiederaufblühens legt – bekommt der Leichtbeschwingte dann nicht sogleich eine ernstere Gestalt? Ein Lichtbote der Blumen, ein leuchtender Verkünder des Lebens in der großen Werkstatt der Vergänglichkeit – lass dem Schmetterling doch diese Bedeutung! Sie erklärt so schön seine Liebe zu den Blumen und ihre Sehnsucht nach ihm!"

Da drückte Klara der Schwester die Hand, aber sie lächelte nicht, sondern sagte leise zu ihr: „Deine Vorstellung ist der Wahrheit wohl näher als meine, denn sie ergreift das Herz und öffnet es einer heimlichen Freude. Ich werde nie mehr einen Schmetterling sehen, ohne an die Botschaft zu denken, die er den sterbenden, welkenden Blumenherzen bringt."

NACH AGNES FRANZ

## An eine Rose

Ewig trägt im Mutterschoße,
süße Königin der Flur!,
dich und mich die stille, große,
allbelebende Natur.
Röschen! Unser Schmuck veraltet,
Stürm entblättern dich und mich,
doch der ew'ge Keim entfaltet
bald zu neuer Blüte sich.

FRIEDRICH HÖLDERLIN

Vom **Zauber**
der Gärten

# Besitz

Großer Garten liegt erschlossen,
weite schweigende Terrassen:
Müsst mich alle Teile kennen,
jeden Teil genießen lassen!

Schauen auf vom Blumenboden,
auf zum Himmel durch Gezweige,
längs dem Bach ins Fremde schreiten,
niederwandeln sanfte Neige:

Dann erst komme ich zum Weiher,
der in stiller Mitte spiegelt,
mir des Gartens ganze Freude
träumerisch vereint entriegelt.

Aber solchen Vollbesitzes
tiefe Blicke sind so selten!–
Zwischen Finden und Verlieren
müssen sie als göttlich gelten.

All in einem, Kern und Schale,
dieses Glück gehört dem Traum.
Tief begreifen und besitzen!
Hat dies wo im Leben Raum?

HUGO VON HOFMANNSTHAL

# Elizabeth und ihr Garten

## 14. Mai

In der ersten Begeisterung darüber, einen eigenen Garten zu haben, und in meiner brennenden Ungeduld, die nackten Flächen wie eine Rose erblühen zu lassen, habe ich mich tatsächlich an einem warmen Sonntag im April letzten Jahres während der Mittagszeit des Personals, doppelt sicher vor dem Gärtner an diesem Tag und zu dieser Zeit, mit einem Spaten und einer Harke hinausgeschlichen, fieberhaft ein kleines Stück Boden ausgehoben, die Erde aufgelockert und heimlich Prunkwinden eingesät, dann bin ich erhitzt und schuldbewusst ins Haus gerannt, in einen Stuhl und hinter ein Buch abgetaucht und hab eine gelangweilte Miene gezogen – gerade noch rechtzeitig, um meinen Ruf zu retten. Warum bloß? Es ist nicht anmutig und man kommt in Schweiß; aber es ist ein gesegnetes Tun, und wenn Eva im Paradies einen Spaten gehabt hätte und verstanden, damit umzugehen, hätten wir diese ganze traurige Sache mit dem Apfel nicht.

Was für eine glückliche Frau bin ich, dass ich in einem Garten lebe, mit Büchern, Kindern, Vögeln und Blumen und viel Muße, mich daran zu erfreuen. Dennoch sehen meine Freunde aus der Stadt dies als ein Gefängnis an, oder wie ein Begräbnis oder ich weiß nicht, wie noch, und ihre Schreie würden die Luft zerreißen, wenn sie zu so einem Leben verurteilt wären. Manchmal denke ich, ich bin mehr als alle meine Bekannten gesegnet, weil ich mit solcher Leichtigkeit zu meinem Glück finde … Was kann das Stadtleben schon an Vergnügungen bieten, verglichen mit der Freude an irgendeinem dieser stillen Abende, die ich in diesem Monat verspürte, wenn ich ganz allein am Fuß der Verandatreppe saß, mit dem Duft der jungen Lärchen rundum, wenn der Maimond niedrig über den Buchen hing und die schöne Stille in ihrer Friedlichkeit nur noch tiefer wurde durch das ferne Quaken der Frösche und das Rufen der Eulen? Ein Maikäfer, der mit lautem Brummen neben meinem linken Ohr vorbeischießt, lässt mich erschauern, teils aus Freude über die Erinnerungen an frühere Jahre, teils aus Angst, er könnte sich in meinem Haar verfangen. Mein gestrenger Gatte sagt, das sei Ungeziefer, es müsste totgeschlagen werden. Aber das Totschlagen würde ich lieber auf das Ende des Sommers verschieben und sie nicht jetzt gewaltsam aus einer so schönen Welt herauskatapultieren, in der all der Spaß gerade erst beginnt.

## 16. Mai

Der Garten ist mein Zufluchtsort, mein Schutzraum, nicht das Haus … Dort fühle ich mich gut aufgehoben und geborgen, jede Blume und jedes Kraut ist mir ein Freund und

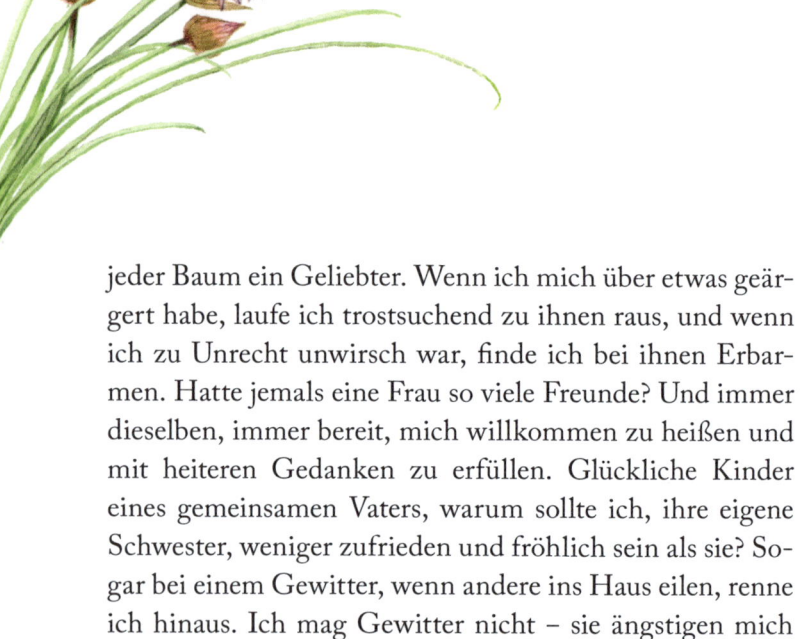

jeder Baum ein Geliebter. Wenn ich mich über etwas geärgert habe, laufe ich trostsuchend zu ihnen raus, und wenn ich zu Unrecht unwirsch war, finde ich bei ihnen Erbarmen. Hatte jemals eine Frau so viele Freunde? Und immer dieselben, immer bereit, mich willkommen zu heißen und mit heiteren Gedanken zu erfüllen. Glückliche Kinder eines gemeinsamen Vaters, warum sollte ich, ihre eigene Schwester, weniger zufrieden und fröhlich sein als sie? Sogar bei einem Gewitter, wenn andere ins Haus eilen, renne ich hinaus. Ich mag Gewitter nicht – sie ängstigen mich schon Stunden vorher, weil ich sie herankommen spüre, aber komischerweise suche ich dann meine Zuflucht im Garten. Dort fühle ich mich wohler, beschützter, umfangener. Wenn es donnert, sagt das Aprilkind: „Da schimpft Liebergott wieder seine Engel aus!"

Elizabeth von Arnim

64

# Mein Inselgarten

In der seligen Stille vor Sonnenaufgang stehe ich im Garten und betrachte die große runde Scheibe des vollen Monds, wie sie sich langsam im Westen von Kupfer zu Messing entfärbt und dann zu weißestem Silber, wie ihr langer, stiller Widerschein sich auf gläserner See spiegelt, während der tiefe, reine Himmel eine rosigwarme Färbung von der gegenüber aufgehenden Sonne annimmt. Bald glüht eine fast unerträgliche Pracht am Rand des östlichen Horizonts, herauf rollt der riesige runde Sonnenball und schmückt den blinkenden, glitzernden Tau mit tausend Regenbögen, da er seine ersten frohlockenden Strahlen über das große Antlitz der Welt sendet. Wenn ich an einem solchen kühlen Morgen in meinen Garten gehe, bevor irgendjemand anders wach ist, dann um eine kleine Weile vollkommenes Glück zu erfahren. In dieser göttlich frischen und friedlichen Stunde begrüßt mich das schöne Gesicht jeder Blume mit einer leisen Freude, die mich mit unendlichem Vergnügen erfüllt, jede schenkt mir ihre Farbe, ihre Anmut, ihren Duft, und bereichert mich mit der Fülle ihrer Schönheit. Alle Sorgen, Verwirrungen und Mühsale des Daseins, alle Bürden des Lebens fallen mir von den Schultern und ich stehe da mit dem Herzen eines kleinen Kindes, das nichts verlangt über diesen gegenwärtigen Augenblick der Seligkeit hinaus. Diese Myriaden leuchtender Gesichter, meinem zugewandt, scheinen mit segnenden Augen auf mich zu schauen. Ich fühle die Seele jeder einzelnen Blume und grüße sie wie lebendige Menschen. „Guten Morgen, liebste Freunde! Ist alles gut mit euch? Seid ihr friedlich und heiter? Glücklich und schön?" Sie stehen da in ihrer Ruhe und Reinheit und heben sich meinem bewundernden Blick entgegen, als spürten sie meine Verehrung – so still, so süß, so wunderbar strahlend, ich verliere mich in der Gelassenheit ihres Glücks. Sie erscheinen wie fühlende Wesen, als ob sie mich kennten und liebten, nicht auf genau dieselbe Weise wie ich sie, aber mit einer Art Vertrauen auf mein Wohlwollen und meine Fürsorge und mit Genugtuung über meine Freude an ihnen. Ich gefalle mir in dem Gedanken, dass wenn irgendetwas mit ihnen einmal nicht stimmen sollte, wenn eine Rebe oder ein zarter Stängel herabhängt und Stütze braucht, wenn irgendein Insekt ihnen Leid zufügt oder irgendeine Gefahr von irgendwoher droht, sie untereinander sagen: „Geduld! Sie wird bald kommen, sie wird unseren Kummer sehen, sie wird uns helfen, und dann wird alles wieder gut."

CELIA THAXTER

**Mensch** sein heißt **Gärtner** sein.
All meine Schmerzen kann mein Gartenspaten heilen.

Pass dich dem Schritt der Natur an;
ihr Geheimnis heißt Geduld.

RALPH WALDO EMERSON

# Von der Schönheit der Gärten

Es ist ganz gleich, ob ein Garten klein oder groß ist. Was die Möglichkeiten seiner Schönheit betrifft, so ist seine Ausdehnung so gleichgültig, wie es gleichgültig ist, ob ein Bild groß oder klein, ob ein Gedicht zehn oder hundert Zeilen lang ist. Die Möglichkeiten der Schönheit, die sich in einem Raum von fünfzehn Schritt im Geviert, umgeben von vier Mauern, entfalten können, sind einfach unmessbar. Es können im Hof eines Bauernhauses eine alte Linde und ein gekrümmter Nussbaum beisammenstehen und zwischen ihnen im Rasen durch eine Rinne aus glänzenden Steinen das Wasser aus dem Brunnentrog ablaufen, und es kann ein Anblick sein, der durchs Auge hindurch die Seele ausfüllt. Ein einziger alter Ahorn adelt einen ganzen Garten, eine einzige majestätische Buche, eine einzige riesige Kastanie, die die halbe Nacht in ihrer Krone trägt. Aber es müssen nicht große Bäume sein, so wenig, als auf einem Bild ein dunkelglühendes Rot oder ein prangendes Gelb auch nur an einer Stelle vorkommen muss. Hier wie dort hängt die Schönheit nicht an irgendeiner Materie, sondern an den nicht auszuschöpfenden Kombinationen der Materie ... – dass sie untereinander harmonisch sind, dass sie einander etwas zu sagen haben, dass in ihrem Miteinanderleben eine Seele ist, so wie die Worte des Gedichtes und die Farben des Bildes einander anglühen, eines das andere schwingen und leben machen.

Ein alter Garten
ist immer beseelt.
Der seelenloseste
Garten braucht
nur zu verwildern,
um sich zu besee-
len. Es entsteht un-
ter diesen schweigenden
grünen Kreaturen ein stum-
mes Suchen und Fliehen, Anklam-
mern und Ausweichen, eine solche Atmosphäre von Liebe
und Furcht, dass es fast beklemmend ist, unter ihnen allein zu sein. Und doch sollte es nichts Beseelteres geben
als einen kleinen Garten, in dem die lebende Seele seines
Gärtners webt. Es sollte hier überall die Spur einer Hand
sein, die zauberhaft das Eigenleben aller dieser stummen
Geschöpfe hervorholt, reinigt, gleichsam badet und stark
und leuchtend macht. Der Gärtner tut mit seinen Sträuchern und Stauden, was der Dichter mit den Worten tut:
Er stellt sie so zusammen, dass sie zugleich neu und seltsam scheinen und zugleich auch wie zum ersten Mal ganz
sich selbst bedeuten, sich auf sich selbst besinnen.

HUGO VON HOFMANNSTHAL

# Im Gartenhof

Ich wohne beinahe nun an der Wurzel der drei Bäume im Gartenhof, von dem ich schon so manches erzählte. Ich bin nämlich ein Stockwerk hinuntergezogen in ein größeres Zimmer, kann mich aber dafür nicht mehr mit den Bäumen unterhalten. Die haben natürlich wie wir ein Gesicht und einen Mund zum Sprechen. Für mich sind Bäume auch Menschen, jedenfalls Geschöpfe, die aus dem Brunnen der Luft Atem holen, durstig sind, sich erquicken, betrübt und himmelhoch jauchzend sein können, sich den Sommer über unvergleichlich freuen. An dem einen der vielen entlaubten Äste der Linde hängt so etwas Unmotiviertes, von Silvester her Hängengebliebenes. Das ärgert mich, es bringt Unordnung im freigelegten Geäst, im Gleichmaß seines Winters, da auch der Schnee nicht vermochte, die verblichenen Papierstreifen abzuspülen. Ich würde niemand einladen, meinen Gartenhof zu betrachten. Er ist vielleicht noch einfacher als jeder Gartenhof rings vor den anderen Häusern angelegt. Er dient ja ausschließlich zur Lüftung der Hotelzimmer. Selten betrachten ihn Gäste aus ihren Fenstern, und sie würden es nicht für möglich halten, dass man irgendein Wort über unseren, noch den gegenüberliegenden Hof imstande sei zu schreiben, geschweige zu dichten. Aber wer dichten kann, vermag aus einer Handvoll Erde ein Paradies zu zaubern.

ELSE LASKER-SCHÜLER

71

Wohl nichts anderes auf der Welt
hat eine so beruhigende Wirkung und macht so zufrieden
wie das Gärtnern:
jene körperliche Betätigung, die den Geist beruhigt
und den Deltamuskel stählt …
Zum Gärtnern braucht man einen gusseisernen Rücken
mit einem Scharnier.
Die pralle Sonne auf dem Rücken,
während man sich über Schaufel oder Hacke beugt
oder beschaulich den warmen, duftenden Lehmboden riecht,
ist heilender als manch eine Medizin.

CHARLES DUDLEY WARNER

# Wie der Gärtner entsteht

Allem Anschein zuwider wird der Gärtner weder aus einem Samen, noch einem Triebe, noch einem Knollen oder Ableger geboren, sondern entsteht durch die Erfahrung, durch die Umgebung und die Naturbedingungen. Solange ich klein war, hatte ich ein feindseliges, ja schadenfrohes Verhältnis zu Vaters Garten, weil mir verboten war, auf den Beeten herumzutreten und unreifes Obst zu pflücken. Ähnlich war es auch dem Adam im Paradiesgarten verboten gewesen, auf den Beeten herumzutreten und Obst vom Baum der Erkenntnis zu pflücken, weil es noch nicht reif war; nur dass Adam, so wie wir Kinder, doch das unreife Obst pflückte und deshalb aus dem Paradies hinausgejagt wurde. Von dieser Zeit an ist und bleibt das Obst am Baume der Erkenntnis unreif.

Solange sich ein Mensch in der Blüte seiner Jugend befindet, glaubt er, eine Blüte sei das, was man im Knopfloch trägt oder einem Mädchen schenkt; er hat nicht das richtige Verständnis dafür, dass eine Blüte etwas ist, was überwintert, was man umgräbt und düngt, umsetzt und für Stecklinge verwendet, beschneidet, anbindet und von Unkraut, Fruchtlagern, trockenen Blättern, Blattläusen und Meltau befreit. Statt die Beete umzugraben, läuft er den Mädchen nach, befriedigt seinen Ehrgeiz, genießt die Früchte des Lebens, die er nicht selbst aufgezogen hat, und verhält sich überhaupt im Ganzen destruktiv. Es ist eine gewisse Reife, ich möchte sagen, ein gewisses väterliches Alter vonnöten, um Amateurgärtner werden zu können. Überdies muss man einen eigenen Garten haben. Gewöhnlich lässt man ihn von einem Berufsgärtner anlegen und denkt, dass man nach getaner Arbeit in den Garten gehen und sich über die Blumen freuen und dem Zwitschern der Vögel lauschen werde. Eines Tages setzt man selbst mit eigener Hand eine Blume ein; ich tat das mit der Hauswurz. Dabei dringt durch einen Riss in der Haut oder sonst irgendwie etwas Erde in den Körper und verursacht eine Vergiftung oder Entzündung. Kurzum, der Mensch bekommt das Gartenfieber.

Ein andermal entsteht ein Gärtner durch Ansteckung seitens der Nachbarn; er sieht vielleicht, wie beim Nachbar die Pechnelke blüht, und denkt sich: Verdammt, warum könnte sie nicht auch bei mir blühen? Das wäre noch schöner, wenn ich das nicht besser träfe! Von da an verfällt der Gärtner immer tiefer und tiefer der neu erwachten Leidenschaft, die durch weitere Erfolge genährt und durch weitere Misserfolge aufgepeitscht wird; der Sammlertrieb

bricht bei ihm durch, der ihn anspornt, alles nach dem ABC großzuziehen, von der Achillea bis zur Zinnia; später entwickelt sich in ihm der Eifer für Spezialitäten, der aus dem bis dahin zurechnungsfähigen Menschen einen Rosenliebhaber, Georginenliebhaber oder eine andere Art überspannten Monomanen werden lässt. Andere wieder verfallen einer künstlerischen Leidenschaft, bauen, ändern und setzen ständig ihren Garten um, stellen Farben zusammen und gruppieren die Blumenstöcke; gehetzt durch die sogenannte schöpferische Unzufriedenheit, wechseln sie aus, wo etwas steht und wächst. Es soll sich nur ja niemand einbilden, echte Gärtnerei sei eine bukolische und beschauliche Tätigkeit. Eine unstillbare Leidenschaft ist sie, wie alles, was ein gründlicher Mensch anfängt …

Solange ich nur ein fernstehender und zerstreuter Zuschauer fertiger Gärten war, hielt ich die Gärtner für Geschöpfe von besonders poetischem und feinem Geiste, die den Blumenduft züchten und dem Vogelsang lauschen. Jetzt, wo ich mir die Sache mehr aus der Nähe ansehe, finde ich, dass der richtige Gärtner nicht ein Mensch ist, der Blumen züchtet, sondern ein Mann, der den Boden pflegt.

Er ist ein Wesen, das in der Erde herumwühlt und den Anblick dessen, was über ihr ist, uns gaffenden Nichtsnutzen überlässt. Er lebt, in die Erde versunken. Baut sein Denkmal im Komposthaufen. Käme er in den Paradiesgarten, würde er berauscht herumschnuppern und sagen: „Mein Lieber, das ist ein Humus!" Ich glaube, er vergäße, vom Obste des Baumes der guten und schlechten Erkenntnis zu essen; eher würde er zusehen, wie er dem Herrn einen Schubkarren Paradieserde entführen könnte. Oder er würde bemerken, dass rund um den Baum der Erkenntnis eine ordentliche, schüsselförmige Baumscheibe fehle; gleich begänne er dort zu graben, ohne zu wissen, was über seinem Kopfe hängt. „Adam, wo bist du?", riefe der Herr. „Gleich", würde der Gärtner über die Schulter hinweg antworten, „ich habe jetzt keine Zeit." Und würde weiter an seiner Baumscheibe arbeiten.

Wäre der Mensch – Gärtner vom Anbeginn der Welt – durch natürliche Auslese entstanden, hätte er sich wahrscheinlich zu einem wirbellosen Geschöpf entwickelt. Wozu hat der Gärtner überhaupt einen Rücken? Wie es scheint nur dazu, um sich von Zeit zu Zeit aufzurichten

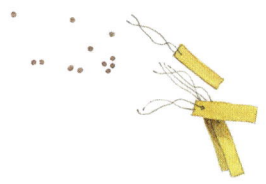

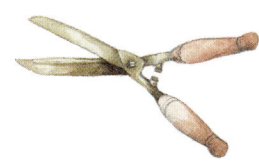

und zu seufzen: „Mein Rücken schmerzt!" Was die Beine anbelangt, so lassen sie sich auf verschiedene Weise zusammenlegen; man kann hocken, knien oder sie auf irgendeine Weise unter sich zusammenzwängen; die Finger bilden gute Pflöckchen, um kleine Gruben zu graben, die Fäuste zerbröckeln die Klumpen oder lockern den Boden auf, während der Kopf zum Einhängen der Pfeife dient. Nur das Genick gibt nicht nach, so sehr sich der Gärtner auch bemüht, es ordentlich zu biegen. Der Regenwurm im Garten hat auch kein Rückgrat. Nach obenhin ist der Gärtner gewöhnlich durch das Hinterteil abgeschlossen; Beine und Hände hält er gespreizt und den Kopf, ähnlich einer werdenden Stute, irgendwo zwischen den Knien. Er gehört nicht zu jenen, die „ihre Gestalt, und sei es auch nur um eine Spanne, wachsen sehen möchten", im Gegenteil, er halbiert seine Gestalt, hockt sich nieder und verkürzt sie auf alle mögliche Weise. So, wie ihr ihn zu sehen bekommt, ist er selten höher als ein Meter …

Jetzt im Frühjahr lockt es die Gärtner unwiderstehlich in den Garten; kaum haben sie den Suppenlöffel hingelegt, sind sie auch schon bei ihren kleinen Beeten, das Hin-

terteil zum wundervollen Himmel emporreckend. Hier zerrreiben sie zwischen den Fingern einen warmen Klumpen, dort stecken sie ein verwittertes, kostbares Stückchen vorjährigen Mistes näher zu den Wurzeln, da reißen sie Unkraut heraus, und hier klauben sie ein Steinchen auf; jetzt lockern sie die Erde um die Erdbeeren herum auf, und nach einer Weile beugen sie sich, die Nase am Boden, vor einigen Salatsetzlingen und kitzeln verliebt das zarte Wurzelbüschel. In dieser Lage genießen sie den Frühling, während über ihren Lenden die Sonne ihren berühmten Kreislauf vollführt, die Wolken ziehen und sich die himmlische Vogelwelt paart. Schon öffnen sich die Kirschenknospen, die jungen Blätter entfalten ihre liebliche Zartheit, und die Amseln lärmen wie verrückt; da richtet sich der echte Gärtner auf, macht das Kreuz hohl und sagt schwermütig: „Im Herbst werde ich es ordentlich düngen und ein bisschen Sand dazugeben."

Aber einen Augenblick gibt es, wo sich der Gärtner aufrichtet und zu seiner vollen Größe emporreckt: Das ist das Stündchen am Nachmittag, in dem er seinem Garten das Sakrament des Bespritzens erteilt. Dann steht er, aufrecht

und gleichsam erhaben, da und
leitet den Wasserstrom aus dem
Maul des Hydranten; das Wasser
rauscht im silbrigen, tönenden Strahl,
der lockeren Erde entströmt der duftende Atem der
Feuchtigkeit, jedes Blättchen ist gleichsam üppig grün und
glänzt in schmackhafter Freude, dass man es am liebsten
aufessen möchte. „Also jetzt hat er genug", flüstert der
Gärtner selig; damit meint er nicht den mit Knospen besä-
ten Kirschbaum noch den purpurfarbenen Johannisbeer-
strauch: Er meint den braunen Gartenboden.

Und wenn dann die Sonne untergeht, sagt der Gärtner auf
dem Gipfelpunkt der Zufriedenheit: „Heute habe ich mich
was geplagt!"

KAREL ČAPEK

# Der alte Gärtner

Ich habe sie selbst gezogen aus einem winzigen Kern.
Nun hat sie die Blüte geöffnet gleich einem Stern.
Ich stehe davor und schaue und fühle nicht der Arbeit Last.
Mir ist so still zu Mute, als sei ich bei Gott zu Gast.
Als wären meine Glieder und Hände schon nicht mein.
Als müsste ich nur wie die Blüte: geöffnet sein.

MATTHIAS CLAUDIUS

# Der Gärtner und die Herrschaft

Eine Meile von der Hauptstadt entfernt stand ein altes Schloss mit dicken Mauern, Türmen und gezackten Giebeln.

Hier wohnte, jedoch nur in der Sommerzeit, eine reiche, hochadelige Herrschaft; das Schloss war das beste und schönste von allen Schlössern, die sie besaß. Es stand wie neugegossen von außen da, und drinnen herrschten Traulichkeit und Bequemlichkeit. Das Wappen der Familie war in Stein über dem Tor eingehauen, wunderschöne Rosen schlangen sich um Wappen und Erker, ein ganzer Grasteppich breitete sich vor dem Schloss aus, und da waren Rotdorn und Weißdorn, da waren seltene Blumen selbst außerhalb des Treibhauses.

Die Herrschaft hatte auch einen tüchtigen Gärtner; es war eine Lust, den Blumengarten, den Obst- und Küchengarten zu sehen. An diesen grenzte noch ein Rest von dem ursprünglichen alten Garten des Schlosses mit Buchsbaumhecken, die so beschnitten waren, dass sie Kronen und Pyramiden bildeten. Der Gärtner hieß Larsen, aber das hat nun weiter nichts zu bedeuten.

Ein paarmal in der Woche brachte der Gärtner frische Blumen ins Zimmer, immer höchst geschmackvoll geordnet. Er setzte die Farben durch die Zusammenstellung gleichsam in ein stärkeres Licht.

„Sie haben Geschmack, Larsen!", sagte die Herrschaft. „Es ist eine Gabe, die der liebe Gott Ihnen gegeben hat, aus sich selber haben Sie es nicht!"

Eines Tages kam der Gärtner mit einer großen Kristallschale, darin lag ein Wasserrosenblatt; auf dieses war, mit dem langen, dicken Stängel im Wasser, eine strahlende blaue Blume gelegt, so groß wie eine Sonnenblume.

„Hindustans Lotus!", sagte die Herrschaft.

Eine solche Blume hatten sie noch nie gesehen, und sie wurde am Tage in die Sonne und am Abend ins Reflexlicht gestellt. Jeder, der sie sah, fand sie wunderbar schön und selten, ja, das sagte selbst die vornehmste von den jungen Damen des Landes, und das war eine Prinzessin; klug und herzensgut war sie.

Die Herrschaft setzte eine Ehre darein, ihr die Blume zu überreichen, und sie kam mit der Prinzessin auf das Schloss.

Nun ging die Herrschaft in den Garten hinab, um selber eine Blume von derselben Art zu pflücken, wenn noch eine solche da war, aber sie war nicht zu finden. Dann riefen sie den Gärtner und fragten, woher er die Lotusblüte habe.

„Wir haben vergebens gesucht!", sagten sie. „Wir sind in die Treibhäuser und durch den ganzen Blumengarten gegangen!"

„Nein, da ist sie wirklich auch nicht zu finden!", sagte der Gärtner. „Es ist nur eine geringe Blume aus dem Küchengarten! Aber, nicht wahr, wie schön sie ist! Sie sieht aus, als sei es ein blauer Kaktus, und ist doch nur die Blüte einer Artischocke!"

„Das hätten Sie uns aber gleich sagen müssen!" sagte die Herrschaft. „Wir mussten glauben, dass es eine fremde seltene Blume sei. Sie haben uns vor der jungen Prinzessin blamiert! Sie sah die Blume bei uns, fand sie so schön, kannte sie nicht, und sie ist doch gut bewandert in der Botanik, aber die Wissenschaft hat gewiss nicht mit den Küchenkräutern zu tun. Wie konnte es Ihnen einfallen, lieber Larsen, eine solche Blume ins Zimmer zu setzen. Sie machen uns ja lächerlich!"

Und die schöne blaue Prachtblüte, die aus dem Küchengarten geholt war, wurde aus dem herrschaftlichen Zimmer entfernt, wohin sie nicht gehörte, ja, die Herrschaft brachte eine Entschuldigung bei der Prinzessin vor und erzählte, dass die Blume nur ein Küchengewächs sei, das der Gärtner hinzustellen sich erkühnt habe; aber er habe dafür auch einen ernsten Tadel erhalten.

„Das ist aber wirklich unrecht!", sagte die Prinzessin. „Er hat ja unsere Augen für eine Prachtblüte erschlossen, die wir bisher nicht beachtet hatten. Er hat uns die Schönheit gezeigt, wo es uns nicht eingefallen war, sie zu suchen! Der Schlossgärtner soll mir jeden Tag, solange die Artischocken blühen, eine Blume davon in mein Zimmer bringen!" Und so geschah es.

Die Herrschaft ließ dem Gärtner sagen, dass er nun wieder eine frische Artischockenblüte bringen könne.

„Sie ist eigentlich sehr schön", sagten sie, „höchst eigentümlich!" Und der Gärtner erhielt ein Lob.

NACH HANS CHRISTIAN ANDERSEN

## Mein Garten

Mein Garten ist ein Liederbuch,
die Rosen und Reseden
verstreuen weichen Wohlgeruch,
im Wind die Bäume reden;
sie flüstern Märchen mancherlei
aus meines Lebens Gängen,
wie oft ich Tor gewesen sei
im Säumen und im Drängen.

Doch ob ich oft das Glück verschlief
in Lenz- und Sommerwinden,
umsonst die Füße blutig lief,
mich an ein Ziel zu finden –
ich traure nicht. Was kam und schied,
Verzichten und Erwarten,
geht wie ein fernes, altes Lied
traumhaft durch meinen Garten.

JAKOB CHRISTOPH HEER

# Der Gärtner

Ich habe den Rasen gemäht. So, als hätte ich
über die Wahrheit nachgedacht. Und wäre zu
einem Ergebnis gekommen. Ich habe mich einfach
umgesehen. Und die Blumen entdeckt. Und die
Bäume. Und andere Pflanzen. Und dabei das
Leben gefunden. Und ich denke, ich habe etwas
begriffen. Und werde nun die Natur lieben. Und
nie mehr einen Rasen mähen!


Ich habe den Rasen gemäht. So, als hätte ich
über die Menschen nachgedacht. Und wäre zu
einem Ergebnis gekommen. Ich habe mich einfach
umgesehen. Und mit Menschen geredet. Und sie
waren interessant. Und sie waren klug. Und sie
waren freundlich. Und ich wusste, die Natur ist
gut so, wie sie ist. Und ich werde nie mehr einen
Rasen mähen!

Ich habe den Rasen gemäht. So, als hätte ich
über die Welt nachgedacht. Und wäre zu einem
Ergebnis gekommen. Ich habe mich einfach
umgesehen. Und gehört, wie Sterne singen. Und
gesehen, wie Berge träumen. Und erfahren, wie
Flüsse denken. Und was Wolken bewegt. Und
wusste, die Natur ist gut so, wie sie ist. Und ich
werde nie mehr einen Rasen mähen!


Ich habe den Rasen gemäht. So, als hätte ich
über Wunder nachgedacht. Und sehe nun die
Pflanzen richtig. Und berühre die Menschen
anders. Und weiß, die Sterne sind nah. Und die
Welt ist herrlich. Und die Wahrheit lächelt.
Und ich bin zum Gärtner geworden. Und denke
das Leben neu. Und weiß nun, wie Gott träumt.
Nun, da ich die Natur sehe!

KLAUS LUTZ

Bäume sind Gedichte,
die die Erde in den
Himmel schreibt

# Der Lieblingsbaum

Den ich pflanzte, junger Baum,
dessen Wuchs mich freute,
zähl ich deine Lenze, kaum
sind es zwanzig heute.

Oft im Geist ergötzt es mich,
über mir im Blauen,
schlankes Astgebilde, dich
mächtig auszubauen.

Lichtdurchwirkten Schatten nur
legst du auf die Matten,
eh du dunkel deckst die Flur,
bin ich selbst ein Schatten.

Frische Säfte rieseln laut,
rieseln durch die Stille.
Um mich, in mir webt und baut
ew'ger Lebenswille.

Halb bewusst und halb im Traum
über mir im Lichten
werd ich, mein geliebter Baum,
dich zu Ende dichten.

CONRAD FERDINAND MEYER

# Die Bäume unter sich

Ich vertraue meinen dichterischen Einfällen und frage nicht, warum ich immer wieder über die Pflanzen auf unserer Welt dichten muss. Heute früh belauschte ich ein Gespräch, das die Bäume lebhaft miteinander vor meinem Fenster führten. Seitdem nehme ich an, dass es sich, wie bei den Menschen und Tieren, auch bei den Pflanzen um eine persönliche bewusste Blutsverwandtschaft handelt. Denn die behäbige Linde erinnerte mit großer Besorgnis die kleine schlanke Linde, sich grade zu halten: „Halt dich grade!" Derartiges Interesse pflegt nur eine Mutter für ihr Kind an den Tag zu legen. Mir fiel es schon einige Male schleierhaft, noch im Nebel der Sinne, auf, wie sich die Armäste der Mutter Linde besorgt zur Tochter herabbogen, und ich hörte den üppig belaubten Mutterbaum sie vernehmbar ermahnen; und auch ich muss mit Bedauern feststellen, der Stamm der jugendlichen Linde neigt zum schiefen Wachstum. Hingegen die gebräunten Leiber des Kastanien- und Holunderbaums strecken sich beim Hellwerden der Erde täglich kerzengrade in die Höhe! Mit begreiflichem Neid beobachtete die Lindin die beiden gleichaltrigen Freunde ihrer Tochter, über deren Verträumtheit könnte sie gelb werden!! Aber noch an der Nabelwurzel gebunden, sehnte die sich schon im zartesten Keim, drängend im Erdreich, in die Seligkeit des Himmels zu wachsen. Und so kam es, da sich ihr Leben nur in des Markes innerstem Herzen abspielte, unbekümmert aller Äußerlichkeiten, ihr körperlicher Schaden drohte, zu erleiden. Bäume, überhaupt jede Pflanze besitzt ein wirklich pochendes Herz, das das Blut durch die Zellen treibt, durch die allerkleinste ihres Blattes. Früchte vermögen zu erröten, und namentlich der Herzkirsche spielt die Liebe das Blut in die Wangen. Pflanzen besitzen wirkliche Herzen, manche heilig blutend am Morgen, wie es bei der jungen Linde der Fall ist. Die liebe ich, wie eine Lieblingsgefährtin...

Ich kann die Welt täglich mehr fassen; wie der Baum, wie die Blume und alle Pflanzen sie fassten vom ersten Korn des Säens an. Wer kennt einen Baum, der Philosoph ist, oder eine Tanne, die sich eine Weltanschauung aus ihrem Holz zimmerte? Was hat der Baum oder gar die Rose eine Weltanschauung nötig? Sie lassen sich feierlichst von der Welt anschauen, die betrachtet sie stolz in aller Gemütsruhe als ihrer Kindeskinderkinderkinderkinderkinder blühendes Erbgut in Wohlgefallen... Ich möchte wohl ein Baum sein, schon, weil manchmal ein Vogel kommt und in meinen Zweigen singt.

ELSE LASKER-SCHÜLER

# Das Samenkorn

Ein Samenkorn lag auf dem Rücken,
die Amsel wollte es zerpicken.
Aus Mitleid hat sie es verschont
und wurde dafür reich belohnt.
Das Korn, das auf der Erde lag,
das wuchs und wuchs von Tag zu Tag.
Jetzt ist es schon ein hoher Baum
und trägt ein Nest aus weichem Flaum.
Die Amsel hat das Nest erbaut;
dort sitzt sie nun und zwitschert laut.

JOACHIM RINGELNATZ

## Obstblüte in Kent

Ich hatte die Gelegenheit, etwa anderthalb Dutzend Kilometer durch Kents Obstanbaugebiet zu fahren. Die Apfelblüte war noch nicht voll im Gang, sie befand sich noch in diesem kostbaren Stadium, wo sie eher ein Versprechen ist denn eine Erfüllung. Die Apfelblüten erscheinen zu rasch als überreif, während es doch zu ihrem wahren Wesen gehört, so unbedingt jugendlich zu sein wie ein achtzehnjähriger Poet. Und so waren sie, die geschlossenen Knospen waren hold errötet und ließen die altersgrauen Bäume ebenfalls zartrosa aussehen; die geschlossenen Knospen erröteten, wie sich das für die Jugend angesichts des Alters gehört, und sie wussten nur zu gut, dass sie sich innerhalb weniger Monate in herbstliche Äpfel verwandeln würden. Aber während die Apfelblüte nur ein rosa Schleier war, in den die Obstgärten sich gehüllt hatten, so war die Kirschblüte einfach umwerfend. Sie ist niemals so üppig gewesen wie in diesem Jahr, oder so weiß, so rein weiß. Diese schwere Weiße der Kirschen, immer noch verstärkt durch

die Schwärze der Zweige, wurde an diesem Nachmittag noch vertieft – wenn wir überhaupt sagen dürfen, dass Weiß vertieft werden kann – von einem zinngrauen, stürmischen Himmel im Hintergrund, und ich dachte nicht zum ersten Mal, wie vollkommen diese beiden Charakterzüge des April zueinander passen: die betörende Blüte und der eigentümlich düstere Himmel, der nur eine halbe Drohung darstellt. Nur eine halbe, denn so tückisch er sich auch gebärden mag, immer wieder sehen wir an den Wolkenrändern Licht auffunkeln, sehen wir irgendwo in der Landschaft Sonnenstrahlen auf eine Kirche treffen. Es ist keine wahre Bedrohung, sondern eine vorübergehende, die wegen ihres dramatischen Effekts angeordnet worden ist – es handelt sich um das natürliche Original dieser seltsamsten und schönsten Erfindung der Menschen, des Flutlichts.

VITA SACKVILLE-WEST

# Unterm Birnbaum

Lass mich Dir noch erzählen, dass Dein Großvater zum Gedächtnis Deiner Geburt einen Birnbaum in dem wohl-gepflegten Garten vor dem Bockenheimer Tor gepflanzt hatte; der Baum ist sehr groß geworden, von seinen Früch-ten, die köstlich sind, hab ich gegessen und – Du würdest mich auslachen, wenn ich Dir alles sagen wollte. Es war ein schöner Frühling, sonnig und warm, der junge hochstäm-mige Birnbaum war über und über bedeckt mit Blüten; nun war's, glaub ich, am Geburtstag der Mutter, so schafften die Kinder den grünen Sessel, auf dem sie abends, wenn sie erzählte, zu sitzen pflegte und der darum der Märchen-sessel genannt wurde, in aller Stille in den Garten, putzten ihn auf mit Bändern und Blumen, und nachdem Gäste und Verwandte sich versammelt hatten, trat der Wolfgang als Schäfer gekleidet mit einer Hirtentasche, aus der eine Rol-le mit goldenen Buchstaben herabhing, mit einem grünen Kranz auf dem Kopf unter den Birnbaum und hielt eine Anrede an den Sessel als den Sitz der schönen Märchen; es war eine große Freude, den schönen bekränzten Knaben

unter den blühenden Zweigen zu sehen, wie er im Feuer der Rede, welche er mit großer Zuversicht hielt, aufbrauste. Der zweite Teil dieses schönen Festes bestand in Seifenblasen, die im Sonnenschein von Kindern, welche den Märchenstuhl umkreisen, in die heitere Luft gehaucht, von Zephyr aufgenommen und schwebend hin und her geweht wurden; sooft eine Blase auf den gefeierten Stuhl sank, schrie alles: Ein Märchen! Ein Märchen! Wenn die Blase, von der krausen Wolle des Tuchs eine Weile gehalten, endlich platzte, schrien sie wieder: Das Märchen platzt. Die Nachbarsleute in den angrenzenden Gärten guckten über Mauer und Verzäunung und nahmen den lebhaftesten Anteil an diesem großen Jubel, sodass dieses kleine Fest am Abend in der ganzen Stadt bekannt war. Die Stadt hat's vergessen, die Mutter hat's behalten und es sich später oft als eine Weissagung Deiner Zukunft ausgelegt.

BETTINA VON ARNIM AN J.W. VON GOETHE, 24.11.1810

# Den Baum umarmen

Ich bin gar kein Zimmerliebhaber… Nun ist mir immer zumut, als säuselten und rauschten mir die Bäume geheimnisvolle Sänge zu. Ich glaub, ich hab manches Lied von ihnen gelernt, und es war nur schlimm, dass ich es in meine Sprache übersetzen musste, denn dadurch hat es von seiner Schönheit verloren. Einen großen Fehler haben sie – die Bäume, und recht im menschlichen Stil: den Fehler ihrer Vorzüge; sie sind stark, aber rau. Wenn man ihn umfasst, solchen Baum, wenn man die Stirn an ihn lehnt, tut's weh, wegen der harten Rinde. Und ich tue es doch so gern! Diese Kraft, die nimmer wankt – dieses Streben nach oben, das nimmer ermattet – diese Stärke, die nimmer vor der Sonne erschlafft und vom Orkan nur gebrochen wird – diese Beweglichkeit, die wie ein feiner, regsamer, seelenvoller Geist ihn durchzittert – diese Ruhe, die ihn durch das Eis des Winters und die Gewitter des Sommers zu immer gleichmäßiger herrlicher Entfaltung führt – diese wundervolle Schönheit voll tiefen Ernstes und holder Anmut – flößen mir zu viel Bewunderung und Zuversicht ein, dass ich sie ihm nicht zuweilen ausdrücken müsste; und dann ist mir's leid, dass er, trotz seiner himmlischen Gaben, doch auch nur ein rauer, herber Gesell ist. So geht's einem mit seiner Liebe, sogar zu dem unvernünftigen Baum…

IDA HAHN-HAHN

# Birken, Kiefern, alte Weiden ...

Worpswede, Worpswede, Worpswede! Versunkene-Glocke-Stimmung! Birken, Birken, Kiefern und alte Weiden. Schönes braunes Moor, köstliches Braun! Die Kanäle mit den schwarzen Spiegelungen. Es ist ein Wunderland, ein Götterland. Ich habe Mitleid mit diesem schönen Stück Erde, seine Bewohner wissen nicht, wie schön es ist ...
Worpswede, Worpswede, du liegst mir immer im Sinn. Das war Stimmung bis in die kleinste Fingerspitze. Deine mächtigen großartigen Kiefern! Meine Männer nenne ich sie, breit, knorrig und wuchtig und groß, und doch mit den feinen, feinen Fühlfäden und Nerven drin. So denke ich mir eine Idealkünstlergestalt. Und deine Birken, die zarten, schlanken Jungfrauen, die das Auge erfreuen. Mit jener schlappen, träumerischen Grazie, als ob ihnen das Leben noch nicht aufgegangen sei. Sie sind so einschmeichelnd, man muss sich ihnen hingeben, man kann nicht widerstehen. Einige sind auch schon ganz männlich kühn, mit starkem, geradem Stamm. Das sind meine „modernen Frauen" ... Und ihr Weiden, ihr alten knorrigen Stämme, mit den silbrigen Blättern. Ihr rauscht so geheimnisvoll und erzählt von vergangener Zeit. Ihr seid meine alten Männer mit den silbrigen Bärten; ja, ich habe Gesellschaft genug, meine ganz eigene Gesellschaft, wir verstehen uns gegenseitig sehr gut und nicken uns oft liebe Antwort zu. Leben! Leben! Leben!

PAULA MODERSOHN-BECKER

# Geh, wohin dein Herz dich trägt

## 22. November

Heute Nacht ist das Wetter umgeschlagen, von Osten ist der Wind gekommen und hat in wenigen Stunden alle Wolken weggefegt. Bevor ich zu schreiben anfing, habe ich einen Spaziergang durch den Garten gemacht. Die Bora wehte noch heftig, kroch einem unter die Kleider. Buck war begeistert, wollte spielen und lief mit einem Pinienzapfen im Maul neben mir her. Mit meinem bisschen Kraft konnte ich den Zapfen nur einmal für ihn werfen, und auch nicht sehr weit, aber Buck war trotzdem zufrieden. Nachdem ich den Gesundheitszustand deiner Rose geprüft hatte, habe ich noch den Nussbaum und den Kirschbaum begrüßt, meine Lieblingsbäume.

Weißt du noch, wie du mich immer ausgelacht hast, wenn ich Baumstämme streichle? „Was machst du da?", sagtest du. „Das ist doch kein Pferderücken." Wenn ich dich darauf hinwies, dass einen Baum zu streicheln nicht anders ist als irgendein anderes Lebewesen zu streicheln, ja sogar besser, zucktest du die Schultern und gingst ärgerlich davon. Warum es besser ist? Nun, wenn ich zum Beispiel Buck am Kopf kraule, spüre ich zwar etwas Warmes, Vibrierendes, darunter aber immer eine leichte Erregung: Die Fressenszeit, die schon zu nah oder noch zu fern ist, die Sehnsucht nach dir oder auch nur die Erinnerung an einen bösen Traum. Verstehst du? Der Hund hat, wie der

Mensch, zu viele Sorgen, zu viele Bedürfnisse. Ob er ruhig und glücklich sein kann, hängt nie von ihm alleine ab.

Beim Baum dagegen ist das anders. Von dem Augenblick an, in dem er aus der Erde sprießt, bis zu seinem Tod bleibt er immer an derselben Stelle. Mit seinen Wurzeln ist er dem Herzen der Erde näher als jedes andere Ding, mit seiner Krone ist er dem Himmel am nächsten. Der Saft strömt durch sein Inneres, von oben nach unten, von unten nach oben. Er dehnt sich aus und nimmt sich zurück, je nach dem Licht des Tages. Er wartet auf den Regen, er wartet auf die Sonne, er wartet auf die eine Jahreszeit, dann auf die nächste, er wartet auf den Tod. Nichts von dem, was es ihm ermöglicht zu leben, hängt von seinem Willen ab. Er ist da und Schluss. Verstehst du jetzt, warum es schön ist, Bäume zu streicheln? Wegen ihrer Festigkeit, wegen ihres Atems, der so lang, so ruhig, so tief ist. Irgendwo in der Bibel steht geschrieben, Gott habe große Nasenlöcher. Auch wenn es ein wenig unehrerbietig ist, ist mir doch jedes Mal, wenn ich versuchte, mir den Anblick vorzustellen, das Bild einer Eiche in den Sinn gekommen. Zu Hause, im Garten meiner Kindheit, gab es eine Eiche, sie war so groß, dass zwei Leute nötig waren, um ihren Stamm zu umfassen. Schon mit vier oder fünf Jahren ging ich gern zu ihr. Ich setzte mich darunter, spürte die Feuchtigkeit des Grases unter meinem Po, den kühlen Wind in den Haaren und auf dem Gesicht. Ich atmete und wusste, dass es eine höhere Ordnung der Dinge gab und dass ich, zusammen mit allem, was ich sah, in jener Ordnung enthalten war. Obwohl ich nichts von Musik verstand, sang etwas in mir. Ich wüsste nicht zu sagen, was für ein Lied es war, es gab weder einen Refrain noch eine bestimmte Melodie. Es war vielmehr, als bliese in der Gegend meines Herzens ein Blasebalg in regelmäßigem, mächtigen Rhythmus und als erzeuge dieser einen Luftstrom, indem er sich im ganzen Körper und im Geist ausbreitete, ein helles Licht, ein Licht von zweierlei Wesensart: seiner eigenen, der des Lichts, und der der Musik. Ich war glücklich, dass ich existierte, und außer diesem Glück gab es nichts mehr für mich.

Es mag dir seltsam oder übertrieben erscheinen, dass ein Kind so etwas erahnen kann. Leider sind wir gewohnt, die Kindheit als eine Zeit der Blindheit, des Mangels zu betrachten und nicht als eine Phase größeren Reichtums. Dennoch würde es genügen, die Augen eines Neugeborenen anzusehen, um sich klarzumachen, dass es genau so ist. Hast du das je getan? Versuch's mal, wenn sich dir eine Gelegenheit bietet. Schieb die Vorurteile im Geist beiseite und beobachte es. Wie ist sein Blick? Leer? Unbewusst? Oder uralt, fern und wissend? Die Kinder haben von Natur aus einen weiteren Atem in sich, wir Erwachsenen sind es, die ihn verloren haben und uns nicht damit abfinden können ...

Susanna Tamaro

# Eine Heldin

Wie hat der Sturm gerast, wie wanden und beugten sich die Bäume; wie schmerzlich stöhnte ihr Geäst! Die welken Zweige knisterten und brachen, vom Stiel gelöste Blätter und ein Schnee von losgerissenen Jasminblüten tanzten einen tollen Wirbeltanz, gequält schlug das schwere, samenvolle Gras jagende, wild gekräuselte Wellen, und der Anblick, den der Garten bot, war der eines großen Leidens. – Blutbuche, du Blume unter den Bäumen, du üppigzarte mit dem dicht umwachsenen Stamm, den harmonisch, wie eine schöne Melodie ausklingenden Zweigen, empfandest die Qual am tiefsten. Gnade! Spiele nicht so unbarmherzig mit mir!, schienst du Sturmgepeitschte zu rauschen … Deine Nachbarin, die stämmige Fichte neben dir – die klagte nicht, die nahm den Kampf mit dem schonungslosen Element trotzig auf.

Vor Jahren, ja, da ist der Sturm ihrer Herr geworden, mitten entzweigerissen hat er ihren jungen edlen Leib. Einer klaffenden Wunde glich der breite, schräge Spalt, der ihr Inneres bloßlegte. Ihr Haupt, das keine andere Last je getragen hat als die ihrer duftenden Zapfenkrone oder die silberweiß schimmernden Schneeflocken, das keine andere Berührung je gefühlt hat als die der Flügel kleiner Sänger, die es jubelnd und zwitschernd umflogen, ihr stolzes Haupt lag auf dem Boden, und elendes Gewürm kroch heran und ergriff Besitz von der Todgeweihten.

Aber durch die Äste des kräftigen Strunks ging ein wundersames Beben; sie reckten und streckten sich, die niedrigsten selbst, selbst die auf dem Wiesengrunde ruhenden bogen ihre Spitzen zur Höhe strebend empor, wie durchzittert von Sehnsucht und Ehrgeiz, selbst Wipfel zu werden... Und der zerspellte Baum wuchs und wuchs in verjüngter Kraft, nicht mehr schlank wie früher, rüstiger, gedrungener, dem Kampf besser gewachsen; trieb Zweige voll Mark und Saft, mit Nadeln schimmernd wie Seide, zäh und biegsam wie feinster Stahl, und bekrönte sich mit einem pfeilgeraden majestätischen Wipfel.

So steht die Heldin heute da, und wenn die andern Bäume wanken und sich im Sturme biegen, lässt sie sich wie spielend von ihm schaukeln, und wenn die Gefährten ächzen und stöhnen, erhebt sich in ihrem dunkeln Gezweige ein tiefes, fast drohendes Murmeln; sie klammert sich mit ihren Wurzeln eisenfest in die Muttererde und wiegt, umwettert und umtobt, in stolzer Ruh das immergrüne Haupt.

MARIE VON EBNER-ESCHENBACH

Geh aufrecht wie die Bäume,
liebe dein Leben so stark wie die Berge,
sei sanft wie der Frühlingswind,
bewahre die Wärme der Sonne im Herzen,
und der große Geist wird immer mit dir sein.

GESANG DER NAVAJO

# Komm mit
## in die Natur

# Oh komm mit mir

Oh komm mit mir aus dem Gewühl der Menge,
aus Rauch und Qualm und tobendem Gedränge,
zum stillen Wald,
dort wo die Wipfel sanfte Grüße tauschen
und aus der Zweige sanft bewegtem Rauschen
ein Liedchen schallt.

Dort zu dem Quell, der durch die Felsen gleitet
und dann zum Teich die klaren Wasser breitet,
führ ich dich hin.
In seinem Spiegel schau die stolzen Bäume
und weiße Wolken, die wie sanfte Träume
vorüberziehn.

Dort lass uns lauschen auf der Quelle Tropfen
und auf der Spechte weit entferntes Klopfen,
mit uns allein.
Dort wollen wir die laute Welt vergessen,
an unsrem Herzschlag nur die Stunden messen
und glücklich sein!

HEINRICH SEIDEL

# Wandrer im Morgen

Du glaubst nicht, mein Freund, wie köstlich es ist, Wandrer im Morgen zu sein, vor Tau und Tag. Noch liegt ein merkwürdiges Grau über Feld und Heide, ein letzter Stern verblasst, aber dann reiten die Herolde aus dem Osten herauf, rosige Engel schwimmen in Wolkenschiffchen in einem seidengrünen, lichten Ozean, immer neue Tinten, wunderfarbig, werden ausgebreitet, Teppiche einer Prunkstraße. Glühendrote Fahnen flattern empor und plötzlich sie selbst, die Herrin alles Lebens auf der Erde: F r a u  S o n n e!

Das ist der Hochpunkt in der gewaltigen Symphonie! In machtvollem Crescendo jubelt das unermessliche Orchester der Natur auf zu brausendem Festmarsch. Aus Farben und Formen, Tönen und Lichtfluten, Wärmeströmen und einem Ozean von Düften hat die ewige Meisterin die Melodie gewoben, und das Thema, das die Geigen und Klarinetten anschlugen, die Trompeten weiterführten, hat nun in wuchtiger Steigerung das ganze Orchester übernommen. Ein schmetterndes Fortissimo, wie von hunderttausend Posaunen getragen, umrankt vom Jubilieren der Flöten, in ehernem Takt gehalten von dröhnenden Pauken und blinkendem Schlagzeug, so steigt es auf in den Himmel, das Hohelied.

An einem schönen Herbstmorgen musst du durch die Felder gehen, wenn die Sonne blutrot sich aus dem Frühnebel emporwindet und der Herbstschleier, rosig gefärbt, im ersten warmen Hauch des jungen Tages davonflattert, überstreut mit dem bunten Blättergewirr, das leise, leise niederrieselt, ein sterbender Sommer. –

Eine wehmütige, stille Schönheit liegt über der Welt, die Schönheit des Vergänglichen, die dich zur Andacht zwingt, dich loslöst von dem überschätzten lauten Plunder des Tages, wie die Lerche sich aus den betauten Feldern löst und aufsteigt ins lichte Geflimmer.

Das ist die Stunde, da du wandern musst, wandern geradeaus über die Felder ohne Ziel, nur wandern. Ein Wandrer in den Morgen, in die reine Frische, die kühl über die Haut streicht und winzige Tropfen an das Haar setzt. Du musst wandern, als gäbe es keine Sorgen, keine Menschen, als seiest du allein auf der klaren, lauteren Welt, in dieser unendlich einfachen Landschaft, die nichts von pompöser Kulisse hat, die still und rein und weit ist und eben darum das Herz von allen Lasten löst, das Hirn von verwirrenden Bildern.

Wandrer in den Morgen, wie köstlich ist deine Welt! Das Auge sieht das Kleine groß und schön, und was im wilden Lärm des Tages und der Nächte, im rasenden Kaleidoskop der Riesenstadt so prunkend groß und majestätisch schien, wird neben dieser stillen, einfachen Natur ein angemaltes Götzenbild. –

Zwischen den Gräsern des Feldraines haben die kleinen Spinnen ihre Netze gewoben. Graue, feine Tücher, gespannt zwischen Halmen, die im Frühwind schwanken. Aber der Nachttau hat Millionen Brillanten dazwischengestreut. Sie flimmern in der Sonne zaubervoll. Das ganze Feld erscheint mit Regenbogenseide überspannt, unendlich zart und fein. Was für ein Geschrei erhöbe der Mensch, könnte er es nachschaffen! Winzige Feldspinnen nur und Nachttau webten das Wunder.

Und die Wiesenblume ist mit blanken gläsernen Glocken behangen, die schillern rot und grün und blau wie die Meere des Südens und haben ein Feuer wie das Diamantengeschmeide einer schönen Frau.

Tautropfen! Wie lange ist es her, dass du, im Frühlicht über die Felder schreitend, einen Tautropfen gesehen hast, den die Sonne in ewig wechselndem Spiel bald zum Rubin, bald zum Smaragd werden lässt?

Ich lagere mich inmitten der taufeuchten Einsamkeit in einem Ozean von Brillanten und schimmernden Seidendecken, von Spinnen gewebt, zwischen nickenden Gräsern und anspruchslosen Feldblumen, die der Morgen mit Geschmeide behängt hat, dass sie sich beugen unter der Last des glitzernden Reichtums.

Freilich, es ist nur für eine Stunde! Stundenköniginnen! Noch flimmern Rubin und Smaragd, Topas und Aquamarin, aber die Sonne steigt höher, der Nebel fliegt empor zum Wolkenreich, ein warmer Hauch zieht über die Felder, die der märkische Bauer seit tausend Jahren mit seinem Pflug durchschneidet. Immer kleiner wird der Tautropfen, immer grauer das Geweb der Spinnen. Frau Sonne trinkt den Ozean voll Diamanten leer. Oh, welch ein Morgentrunk!

Eine Stunde nur, und dahin ist alle Herrlichkeit. Trocken und in Herbstdürre stehen die Wiesenblumen. Der Schmuck war nur geliehen. – Als ob es mit uns anders wäre! – Ach, es ist ja a l l e s  n u r  g e l i e h e n in dieser Welt des Werdens und Vergehens. Die Schönheit und das Geschmeide, wir tragen sie auf Borg und sind eines Tages allen Schmuckes bar wie diese verdorrten Blumenstängel des herbstlichen Feldes, über die in wenigen Tagen der Pflug geht.

Aber wie doch in dieser wundervollen Allnatur auch das Kleinste sein blinkendes Sonnenkleid trägt zu seiner Zeit! Ein Tröpflein Tau wird von Frau Sonnes Gnaden ein Wunderding!

Es ist im Menschenleben nicht anders! Wem es nicht gelingt, zur rechten Zeit ein paar Sonnenstrahlen des Glückes aufzufangen, dessen Seele wird grau sein und bleiben wie der Tropfen Tau ohne Sonnenschein.

Bruno H. Bürgel

# Morgenwanderung

Wer recht in Freuden wandern will,
der geh der Sonn entgegen;
da ist der Wald so kirchenstill,
kein Lüftchen mag sich regen;
noch sind nicht die Lerchen wach,
nur im hohen Gras der Bach
singt leise den Morgensegen.

Die ganze Welt ist wie ein Buch,
darin uns aufgeschrieben
in bunten Zeilen manch ein Spruch,
wie Gott uns treu geblieben;
Wald und Blumen nah und fern
und der helle Morgenstern
sind Zeugen von seinem Lieben.

Da zieht die Andacht wie ein Hauch
durch alle Sinnen leise,
da pocht ans Herz die Liebe auch
in ihrer stillen Weise,
pocht und pocht, bis sich's erschließt
und die Lippe überfließt
von lautem, jubelndem Preise.

Und plötzlich lässt die Nachtigall
im Busch ihr Lied erklingen,
in Berg und Tal erwacht der Schall
und will sich aufwärts schwingen,
und der Morgenröte Schein
stimmt in lichter Glut mit ein:
Lasst uns dem Herrn lobsingen!

EMANUEL GEIBEL

# Unterholz

Wir haben nichts zu fürchten, aber viel zu lernen von dem starken und friedlichen Geschlecht der Bäume, das ohne Unterlass stärkende Substanzen und lindernden Balsam für uns hervorbringt und in deren anmutvoller Gesellschaft wir so viele Stunden der Frische, des Schweigens und der Abgeschiedenheit verbracht haben. Während der brennend heißen Nachmittagsstunden, in denen das Licht sich gerade durch seine Überfülle unserem Blick entzieht, steigen wir hinab in einen normannischen „Grund", aus dem sich mit ihrer ganzen Biegsamkeit hochgewachsene, dichte Buchen erheben, deren Laubwerk gleich einer schmalen, aber widerstandsfähigen Uferböschung diesen Ozean von Licht abwehrt, und nichts bleibt von ihm als ein paar Tropfen, die melodisch in das schwarze Schweigen des Unterholzes hinabträufeln. Unser Geist hat nicht wie am Ufer des Meeres, in den Ebenen oder auf den Bergen seine Freude daran, sich auszubreiten über die Erde, dafür aber das Glück, von ihr abgeschieden zu sein. Und von allen Seiten geschützt durch die fest verwurzelten Stämme, schwingt er sich in die Höhe, genau wie die Bäume.

Auf dem Rücken liegend, den Kopf auf trockene Blätter gebettet, können wir aus einer tiefen Entspannung heraus der fröhlichen Beweglichkeit unseres Geistes folgen, der emporsteigt, ohne auch nur ein Blatt erzittern zu lassen, bis in die höchsten Zweige, wo er sich am Gestade des sanften Himmels niederlässt, nahe einem Vogel, der singt. Hier und da stockt ein wenig Sonne am Fuß der Bäume, die sich manchmal verträumt die äußersten Zweigspitzen von ihr tränken und vergolden lassen. Alles andre, gelöst und unbewegt, schweigt in stummem Glück. Hoch aufgerichtet, mit der weiten Segensgebärde ihres Gezweigs und dennoch ruhig und still stehen die Bäume da, und durch diese wundersame und natürliche Haltung laden sie uns mit anmutvollem Rauschen ein, uns für ein Leben zu erwärmen, das so uralt, so jung, so verschieden von unserem ist und dessen verborgene, unerschöpfbare Kraftquelle es zu sein scheint.

Ein leichter Wind stört für einen Augenblick ihre funkelnde, dämmrige Reglosigkeit, schwach beben die Bäume, sie wiegen das Licht auf ihren Wipfeln und bewegen den Schatten zu ihren Füßen.

MARCEL PROUST

# Die Amseln haben Sonne getrunken

Die Amseln haben Sonne getrunken,
aus allen Gärten strahlen die Lieder,
in allen Herzen nisten die Amseln,
und alle Herzen werden zu Gärten
und blühen wieder.
Nun wachsen der Erde die großen Flügel
und allen Träumen neues Gefieder,
alle Menschen werden wie Vögel
und bauen Nester im Blauen.
Nun sprechen die Bäume in grünem Gedränge
Und rauschen Gesänge zur hohen Sonne,
in allen Seelen badet die Sonne,
alle Wasser stehen in Flammen,
Frühling bringt Wasser und Feuer
liebend zusammen.

MAX DAUTHENDEY

# Leben in den Wäldern

Das ist ein herrlicher Abend! Der ganze Körper ist nur ein Sinn und saugt Entzücken mit jeder Pore ein. Ich wandle mit gar seltsamer Freiheit in der Natur umher; ich bin ein Teil von ihr. Wenn ich am steinigen Teichufer in Hemdsärmeln entlanggehe, obwohl es bewölkt und windig ist, und nichts, was meine Aufmerksamkeit besonders erregt, bemerke, dann fühle ich mich ungewöhnlich stark allen Elementen verwandt. Die Ochsenfrösche trompeten, um die Nacht anzukündigen, und der Sang des Tagschläfers wird vom Wellengekräusel über das Wasser getragen. Es besteht ein solcher Einklang zwischen mir und jedem zitternden Espen- oder Pappelblatt, dass ich kaum zu atmen vermag. Und doch ist mein tiefer Friede, wie der des Sees, nur gekräuselt, nicht gestört. Diese kleinen Wellen, die der Abendwind erweckt, sind so weit vom Sturm entfernt wie die glatte, spiegelnde Oberfläche des Wassers. Jetzt ist es dunkel geworden, doch noch weht rauschend der Wind durch den Wald, noch plätschern die Wellen und ein Geschöpf singt das andere zur Ruh. Die Ruhe ist nie vollkommen. Die wilden Tiere rasten nicht, sondern suchen ihre Beute. Fuchs und Skunk und Kaninchen durchstreifen jetzt furchtlos Felder und Wälder. Sie sind die Nachtwächter der Natur – Bindeglieder, welche die Tage regen Lebens miteinander verbinden. ...

Die unbeschreibliche Unschuld und Güte der Natur – Sonne, Wind und Regen, Sommer und Winter – gewähren immer so gute Gesundheit und solchen Frohsinn, sie haben so viel Mitgefühl mit dem Menschengeschlecht, dass die Allnatur trauern, der Sonne Glanz erbleichen, die Winde wie Menschen seufzen, die Wolken Tränen regnen, die Wälder ihre Blätter abwerfen und im Hochsommer Trauer anlegen würden, wenn je ein Mensch wahrhaft Ursache hätte, traurig zu sein. Soll ich nicht mit der Erde im Einvernehmen sein? Bin ich nicht selbst zum Teil Blätter und Pflanzenerde? Was ist denn das für eine Arznei, die uns glücklich, heiter und gesund hält? Nicht die deines oder meines Urgroßvaters, sondern die unserer Urgroßmutter Natur. Ihr Universalheilmittel, durch dessen Kraft sie manchen Hundertjährigen überlebte, um aus seinen müden Knochen neue Kraft zu sammeln, entströmt Feldern und Wäldern.

HENRY THOREAU

# Mählich durchbrechende Sonne

Schönes, grünes, weiches Gras.
Drin liege ich.
Mitten zwischen Butterblumen!

Über mir
warm
der Himmel:
ein
weites, zitterndes Weiß,
das mir die Augen langsam, ganz langsam
schließt.

Wehende Luft, … ein zartes Summen.

Nun bin ich fern
von jeder Welt,
ein sanftes Rot erfüllt mich ganz,
und deutlich spür ich,
wie die Sonne mir durchs Blut rinnt –
minutenlang.

Versunken alles. Nur noch ich.
Selig.

ARNO HOLZ

# Im Park

Durch meine Buchenzweige, die ein hereinspielender Sonnenstrahl in grünes Feuer setzt, sehe ich auf die dämmernden Farben der Tiergartenwälder; höher hängt in dem Laubwerk das blaue Email des Himmels, in tausend Stücke zerschnitten, wie lauter Vergissmeinnicht. Ein Fink schlägt zu meiner Rechten fast leidenschaftlich; aus dem vom Wald abwärts liegenden Wirtsgarten verlieren sich einzelne Stimmen von Leuten herauf, die frühstücken und sich herumjagen; die Biene summt, ein goldner Falter weht vorüber, stahlblaue Fliegen sonnen sich auf der Tischdecke, langbeinige Dinge schreiten auf der Bank und auf meinem Papier und rings um mich regt, drängt und treibt tausendfaches Leben in tausendfachen Gestalten; funkelndes Geschmeide rührt sich im Gras, auf dem Weg und auf Baumstämmen; gefiederte Familien lärmen durcheinander, und Sonntagsglockenläuten kommt über das Gebirge. Die Zweige flüstern nicht, aber ein melodisches Summen irrt in ihnen von tausend Wesen, die im Sonnenstrahl spielen und arbeiten, und dieses fortgehende Summen dient als zarter Grund, auf dem sich die andere Morgenmusik geltend macht.

ADALBERT STIFTER

# Orlando - Der Dichter im Park

Es war das Elisabethanische Zeitalter; seine Sitten waren nicht die unseren, seine Dichter auch nicht, ebensowenig das Klima, nicht einmal das Gemüse. Alles war anders. Sogar das Wetter, die Hitze und die Kälte von Sommer und Winter war, das dürfen wir annehmen, von ganz anderer Natur. Der leuchtende, liebesselige Tag war von der Nacht so klar geschieden wie das Land vom Wasser. Die Sonnenuntergänge waren röter und flammender, die Morgendämmerungen heller und rosiger. Von unserem dämmrigen Halbdunkel und zögernden Zwielicht wussten sie noch nichts. Der Regen fiel heftig, oder er fiel gar nicht. Die Sonne glühte, oder es war finster. Um dies, wie es ihre Art ist, in geistige Sphären zu übertragen, besangen die Poeten aufs Feinsinnigste, wie Rosen verwelken und Blütenblätter fallen. Der Augenblick ist kurz, so sangen sie; der Augenblick ist schon dahin, und dann muss eine lange Nacht von allen geschlafen werden. Künstliche Treib- oder Gewächshäuser zu nutzen, um diesen Nelken und Rosen ihre Frische und Lebensdauer zu verlängern, das war nicht ihre Sache. Die kläglichen Verzwicktheiten und Vielschichtigkeiten unseres eher untergliedernden und unentschiedenen Zeitalters waren ihnen unbekannt. Alles war Ungestüm und Heftigkeit. Die Blume blühte und verwelkte. Die Sonne ging auf und sank. Der Liebhaber liebte und entschwand. Und was die Dichter in Versen sagten, das setzte die Jugend in die Tat um. Mädchen waren Rosen, und ihre Blütezeit war kurz wie die der Blumen. Sie mussten vor dem Abendrot gepflückt werden, denn der Tag war flüchtig und der Tag war alles, was man hatte. Wenn also Orlando dem Vorbild des Wetters, der Dichter, des ganzen Zeitalters folgte und seine Blume in der Fensternische pflückte, auch wenn draußen Schnee lag und drinnen die Königin den Korridor bewachte, so können wir es doch kaum übers Herz bringen, ihn deswegen zu tadeln. Er war jung, er war kindisch; er tat nur das, wozu die Natur ihn trieb. Und was das Mädchen angeht, so wissen wir seinen Namen so wenig, wie Königin Elisabeth ihn wusste. Es mag Doris, Chloris, Delia oder Diana gewesen sein, denn er dichtete Verse auf sie alle, der Reihe nach; es konnte eine Hofdame gewesen sein oder auch irgendeine Dienerin. Denn Orlandos Geschmack war weitherzig; er liebte nicht nur Gartenblumen, auch die Feldblumen und sogar die Unkräuter übten stets große Anziehungskraft auf ihn aus ...

So hatte dieser junge Edelmann mit dreißig oder kaum mehr Jahren nicht nur alles Erlebbare erfahren, was das Dasein zu bieten hat, sondern darüber hinaus auch die Nichtigkeit all dessen begriffen. Liebe und Ehrgeiz, Frauen und Dichter, alles war gleichermaßen dünkelhaft. Literatur war eine Schmierenkomödie. Am Abend des Tages, als er Greenes „Besuch bei einem Edelmann auf dem Lande" gelesen hatte, verbrannte er auf einem großen Scheiterhaufen fünfundsiebzig Dichtwerke; nur den „Eichbaum" verschonte er, denn das war ein Knabentraum und ganz kurz. Allein zwei Dinge verblieben ihm, in die er noch Vertrauen setzte: die Hunde und die Natur, ein Elchhund und ein Rosenbusch. Die Welt in all ihrer Mannigfaltigkeit, das Leben in all seiner Kompliziertheit war darauf zusammengeschrumpft. Hunde und ein Strauch, darin bestand für ihn die Welt. Derart befreit von einem Riesenberg an Illusionen und dementsprechend nackt und bloß, rief er seine Hunde zu sich und streifte durch den Park.

So lange hatte er sich, schreibend und lesend, abgesondert, dass er darüber die Annehmlichkeiten der Natur, die doch im Juni zuweilen großartig sind, halb vergessen hatte. Als er nun die Kuppe jenes Hügels erreichte, von dem aus man an schönen Tagen halb England und ein Stückchen von Wales und Schottland dazu sehen kann, warf er sich unter seiner Lieblingseiche zu Boden und meinte, wenn er nun niemals mehr mit jemandem, Mann oder Frau, würde reden müssen, solange er lebte; wenn nicht seine Hunde plötzlich die Kunst des Sprechens entwickelten; wenn er niemals wieder einem Dichter oder einer Prinzessin begegnete, so würde er die Jahre, die ihm noch blieben, in leidlicher Zufriedenheit verbringen können.

Hierhin kam er nun, Tag für Tag, Woche für Woche, Monat für Monat, Jahr für Jahr. Er sah, wie die Buchen golden wurden und die jungen Farne sich entfalteten; er

sah den Mond zur Sichel und wieder rund werden; er sah
– aber vermutlich kann der Leser sich selbst den Absatz
vorstellen, der hier folgen müsste und wo jeder Baum und
jede Pflanze ringsum erst grün, dann golden beschrieben
würden, wie die Monde auf- und die Sonnen untergehen,
wie der Frühling dem Winter folgt und der Herbst dem
Sommer, wie nach der Nacht der Tag und nach dem Tag
die Nacht kommt, wie es erst einen Sturm gibt und dann
schönes Wetter, wie die Dinge zwei- oder dreihundert
Jahre lang ziemlich genauso bleiben, wie sie sind, abgese-
hen von einem bisschen Staub und ein paar Spinnweben,
die eine alte Frau in einer halben Stunde wegfegen kann;
ein Schluss, zu dem man eingestandenermaßen schneller
hätte kommen können durch die schlichte Feststellung,
dass „die Zeit verging" (hier könnte die genaue Zeitanga-
be in Klammern angegeben werden) und dass nichts, aber
auch gar nichts geschah.

Aber unglücklicherweise hat die Zeit, die Tiere und Pflanzen mit erstaunlicher Pünktlichkeit blühen und welken
lässt, auf den menschlichen Geist keine so einfache Aus-
wirkung. Der menschliche Geist wirkt obendrein seiner-
seits auf die Dauer der Zeit ebenso seltsam ein. Eine Stunde
kann, wenn sie erst einmal auf das wunderliche Terrain des
Menschenhirns geraten ist, auf das Fünfzig- oder Hun-
dertfache ihrer Uhrzeitlänge gedehnt werden; andererseits
kann eine Stunde auf dem Zifferblatt des Geistes durchaus
wie eine einzige Sekunde erscheinen. Diese merkwürdige

Diskrepanz zwischen der Zeit auf der Uhr und der Zeit im Gehirn ist weniger bekannt, als sie sein sollte, und verdient nähere Erforschung. Der Biograf jedoch, der, wie gesagt, seine Aufmerksamkeit streng zu begrenzen hat, muss sich hier auf eine ganz einfache Feststellung beschränken: Wenn ein Mensch, so wie es jetzt bei Orlando der Fall war, das dreißigste Jahr erreicht hat, so kommt ihm die Zeit, die er mit Denken verbringt, ungemein lang vor, die Zeit dagegen, die er mit Handeln verbringt, ungemein kurz. So gab Orlando seine Befehle und regelte die Geschäfte seines riesigen Besitzes schnell wie der Blitz; doch sobald er einsam auf dem Hügel unter der Eiche lag, begannen die Sekunden sich auszudehnen und anzuschwellen, bis es ihm vorkam, als würden sie niemals vergehen. Damit nicht genug – sie füllten sich mit dem seltsamsten Gewirr von Dingen. Nicht nur sah er sich konfrontiert mit Fragen, über die sich die weisesten der Menschen ihre Köpfe zerbrochen haben, zum Beispiel: Was ist Liebe? Was ist Freundschaft? Was ist Wahrheit?, sondern sobald er darüber nachzusinnen begann, stürzte seine ganze Vergangenheit, die ihm höchst lang und bunt vorkam, in die vergehende Sekunde und blähte sie zum dutzendfachen Umfang ihrer natürlichen Größe auf, färbte sie tausendfach und füllte sie mit dem gesamten Krimskrams des Universums ...

So versuchte er denn, indem er sagte „Das Gras ist grün" und „Der Himmel ist blau", den strengen Genius der Dichtkunst zu versöhnen, den er doch immer noch, wenn auch

aus großer Entfernung, verehren musste. „Der Himmel ist blau", sagte er. „Das Gras ist grün." Dann blickte er empor und sah, dass ganz im Gegenteil der Himmel den Schleiern gleicht, die tausend Madonnen von ihrem Haar herabfallen ließen; und das Gras verweht und dunkelt wie ein Mädchenschwarm, der vor den Umarmungen haariger Satyrn aus dem Zauberwald entflieht. „Auf mein Wort", sagte er (denn er hatte die schlechte Gewohnheit angenommen, laut mit sich selbst zu reden), „das eine ist nicht richtiger als das andere. Beides ist vollkommen falsch." Und er verzweifelte an seiner Fähigkeit, die Frage zu lösen, was Dichtung ist und was Wahrheit; und er verfiel in tiefe Niedergeschlagenheit…
Dennoch setzte Orlando sein Grübeln fort. Und er hatte wahrhaftig viel Stoff zum Nachdenken… Niemand weiß, wohin er geht, noch woher er kommt. Er darf die Wahrheit suchen und sie aussprechen; er allein ist frei; er allein ist wahr; er allein lebt in Frieden … Und so versank Orlando in eine ruhige Gelassenheit, unter dem Eichbaum, dessen aus der Erde ragende harte Wurzeln ihm ein bequemeres Lager als sonst zu sein schienen.

VIRGINIA WOOLF

# Komm in den totgesagten park

Komm in den totgesagten park und schau:
Der schimmer ferner lächelnder gestade ·
Der reinen wolken unverhofftes blau
Erhellt die weiher und die bunten pfade.

Dort nimm das tiefe gelb · das weiche grau
Von birken und von buchs · der wind ist lau ·
Die späten rosen welkten noch nicht ganz ·
Erlese küsse sie und flicht den kranz ·

Vergiss auch diese letzten astern nicht ·
Den purpur um die ranken wilder reben ·
Und auch was übrig blieb von grünem leben
Verwinde leicht im herbstlichen gesicht.

STEFAN GEORGE

Kraft tanken,
Stille finden

# Im Grase

Wer sich ins Gras legt,
Wer lang liegt, für den ist
Zeit und Mühn nichts.
Wer liegt, der vergisst.

Was sich um ihn bewegt,
Wenn er liegt,
Bewegt ihn sanft mit.
Er wird gewiegt.

Ihn verlässt, ihn flieht
Zahl und Zeit.
Er entrinnt, ihm verrinnt
Lust und Leid.

Weise wird er, still
Wie das Gras, das grüne Moos.
Er bettet sich tief
In der Himmlischen Schoß.

Der Wind kommt und geht.
Die Wolke zieht.
Der Falter schwebt. Der Bach
Murmelt sein Lied.

Halm und Laub
Zittern und flüstern leis.
Wasser und Wind
Gehen im Kreis.

Was kommt, geht. Was geht, kommt
In der Wiederkehr Gang.
In der Himmlischen Bahn
Wird die Welt Tanz, wird Gesang.

FRIEDRICH GEORG JÜNGER

# Die Wälder schweigen

Die Jahreszeiten wandern durch die Wälder.
Man sieht es nicht. Man liest es nur im Blatt.
Die Jahreszeiten strolchen durch die Felder.
Man zählt die Tage. Und man zählt die Gelder.
Man sehnt sich fort aus dem Geschrei der Stadt.

Das Dächermeer schlägt ziegelrote Wellen.
Die Luft ist dick und wie aus grauem Tuch.
Man träumt von Äckern und von Pferdeställen.
Man träumt von grünen Teichen und Forellen.
Und möchte in die Stille zu Besuch.

Man flieht aus den Büros und den Fabriken.
Wohin, ist gleich! Die Erde ist ja rund!
Dort, wo die Gräser wie Bekannte nicken
und wo die Spinnen seidne Strümpfe stricken,
wird man gesund.

Die Seele wird vom Pflastertreten krumm.
Mit Bäumen kann man wie mit Brüdern reden
und tauscht bei ihnen seine Seele um.
Die Wälder schweigen. Doch sie sind nicht stumm.
Und wer auch kommen mag, sie trösten jeden.

ERICH KÄSTNER

# Die Kräfte der Natur

In den Herzen aller Menschen
wirkt die Lebenskraft der großen
Harmonie, die sie von Himmel
und Erde empfangen haben. Sie
bildet den Urgrund menschlichen
Lebens, dem alles unterworfen ist.
So wie Bäume und Gräser immerzu
emportreiben, wirkt in unserem Herzen stetig eine Kraft, die aus dem Geheimnis der Natur heraus lebt und sich eines
friedlich-harmonischen Seins erfreut. Geben wir
ihr den Namen Lebensfreude. Weil sie den Lebensgrund
des menschlichen Herzens ausmacht, ist sie auch die
Grundlage der Menschlichkeit.

Die Lebensfreude wirkt jedoch nicht nur in den Menschen, sondern auch in den Vögeln, Vierfüßlern, Gräsern
und Blumen. Denn dass Bäume und Gräser wachsen, Blumen blühen und Früchte reifen, Vierfüßler herumspringen,
Vögel zwitschern, die Weihe hoch gen Himmel aufsteigt
und die Fische in tiefe Gründe tauchen, all das beruht auf
ihrer Kraft.

KAIBARA EKIKEN

137

# Die Wunder der Natur

Worauf beruht z.B. der Zauber des Waldes, die tiefe Beruhigung, die er dem Menschen gibt? Darauf wohl zumeist, dass uns in ihm eine unübersehbare Anzahl pflanzlicher Individuen einer bestimmten Art entgegentritt, die Lebensfrieden und Lebensmacht zugleich mit äußerster Zweckmäßigkeit vereinen. Der Stamm einer Bergfichte ist das Urbild ruhiger, in sich gefestigter Kraft; ein gewaltiger Lebenswille, den sobald nichts zu stören oder gar zu brechen vermag, offenbart sich in ihm. Ihre Äste, Zweige und Nadeln aber strahlen mit solch äußerster Zweckmäßigkeit rings von ihm aus, stellen im Verein mit dem Stamm und den Wurzeln einen so weise der Außen- und Umwelt eingepassten Körper dar, dass man begreift: Hier liegt die Lösung eines Problems vor, an der vielleicht unermessliche Zeiten gearbeitet haben.

Warum erfüllen uns Gräser, eine Wiese, eine Tanne, mit so reiner Lust? Weil wir da Lebendiges vor uns sehen, das nur von außen her zerstört werden kann, nicht durch sich selbst. Der Baum wird nie an gebrochenem Herzen sterben und das Gras nie seinen Verstand verlieren. Von außen droht ihnen jede mögliche Gefahr, von innen her aber sind sie gefeit. Sie fallen sich nicht selbst in den Rücken, wie

der Mensch mit seinem Geist, und ersparen uns damit das wiederholte Schauspiel unseres eigenen zweideutigen Lebens.

Darum ist die Natur so tieftröstlich, weil sie schlafende Welt, traumlos schlafende Welt ist. Sie fühlt nicht Freude, nicht Schmerz, und doch lebt sie vor uns und für uns ein Leben voll Weisheit, Schönheit und Güte. So schliefen auch wir einst und solchem Zustand kehren auch wir einst wieder zurück, nur mit dem Unterschied, dass dann dies ganze Über-Glück, Über-Leid uns bewusst sein wird und dass wir dann auch keine Träume mehr brauchen, weil wir die Himmel selbst offen sehen.

Die Natur ist die große Ruhe gegenüber unserer Beweglichkeit. Darum wird sie der Mensch immer mehr lieben, je feiner und beweglicher er werden wird. Sie gibt ihm die großen Züge, die weiten Perspektiven und zugleich das Bild einer bei aller unermüdlichen Entwickelung erhabenen Gelassenheit.

CHRISTIAN MORGENSTERN

# Das Singen

Kennst du das Singen der großen Stille? Es ist selten, weil die große Stille selten ist. Im Winter kommt es wohl vielleicht einmal, wenn draußen der Schnee die Straßen deckt und du liegst in der Dämmerung auf deinem Sofa und hörst. Und hörst es klingen. Es ist leise und vibriert wie das Summen einer Fliege; aber Fliegen gibt es jetzt im Winter nicht. Ganz fern, ganz leise ist es. Es ist vielleicht nur das Klingen deines Blutes. Es ist vielleicht ein Geigenspiel tief unten in einem andern Stockwerk. Es ist vielleicht das Murmeln von Stimmen in den Kammern deiner Seele. Es ist vielleicht ein Signal an dich von den Bewohnern des dunkeln Siriusbegleiters.

VICTOR AUBURTIN

# Der Wasserfall

Der Wasserfall brauste wie eine Orgel voll erhabener Harmonie, nicht störend, nicht betäubend, nicht einmal die Stille unterbrechend. Was sie unterbrach, war das Gebell eines Hundes oder der Gesang eines Vogels oder das Geläute einer Glocke, wenn die Kühe sich langsam bewegten; darin lag vergängliches Leben, verhallender Ton. Aber der Grundzug blieb doch die Stille. Ich hörte, wie die kleinen Würmer im Grase knisterten und wie Insekten durch die Luft schwirrten. Zuweilen kamen auch die Stimmen aus der Hütte zu mir, und ein paar kleine Kinder schlichen sich an mich heran und starrten mich mit weit aufgerissenen Augen an. Trotz der Stille ging doch der Ausdruck mannigfaltigen Daseins rund um mich her. Da waren Menschen, da waren Kinder, da waren kleine wilde Tiere, da war zitterndes Laub und schäumende Wellen und duftende Blumen, und für alle diese Existenzen war ein unsichtbarer Quell da, aus dem jede ihren individuellen Atem zog. Das gibt ich weiß nicht was für eine unirdische Zuversicht! Was für ein Vertrauen, welches weiter reicht als bis zum morgenden Tage! Man gehört inniger der ganzen Kette der Wesen an. Man lebt intensiver und doch weit weniger als ein abgeschlossenes Ich. Was der Mensch begehrt, ist nicht: dies oder das, oder Eines oder Alles zu h a b e n – oh nein, sondern: gehabt zu sein, im Kreise des Alls, unverloren und unverlierbar sich zu fühlen, das ist sein Begehren.

IDA HAHN-HAHN

# Die Heide

Das ist ein Segen der weiten Heide, dass sie so still, so gesammelt, so nachdenklich macht. Und dass sie so viel feine Fäden spinnt und alles und jedes damit verknüpft. Sie kennt keine Gleichgültigkeit, sie kennt nur Stärke und Kraft, und wenn sie träumt, dann träumt sie Liebe.

> *„Du meine rote Heide – – – –!*
> *Grenzenlos*
> *ist deine Schönheit,*
> *die leuchtende.*
> *Grenzenlos deine Stille,*
> *die träumende.*
> *Grenzenlos deine Macht,*
> *die siegende.*
> *Grenzenlos wie meine Liebe,*
> *die sehnende,*
> *zu dir, du meine rote Heide!"*

Es ist so still rings um mich her, dass ich Zeit und Weile vergesse. Wie tut die Ruhe wohl! Wie andächtig stimmt dies tiefe Schweigen…

Ja, der Friede! – Er schreitet sichtbar neben uns her und wohnt bei uns. Manchmal sieht er aus wie ein silberhaariger Greis, ich möchte ihn anrufen und Zwiesprache mit ihm halten. Wie oft haben meine Lippen schon das Wort „Väterchen" geformt, – aber dann zerfloss die Gestalt wie ein Schemen. Doch tiefer, heiliger Friede blieb immer zurück.

FELICITAS ROSE

# Spätsommer-Vignetten

Im hohen, reinen Blau des Nachsommers ruht der köstliche Sonntagshimmel über dem grünen Land, über dem glitzernden See. Die Landschaft leuchtet. Wie weit der Herbst noch ist… Im Weitergehn legt sich übers Gesicht ein verwehter, silberner Faden, den ein zärtlicher Wind von den Gärten her durch die Luft schwimmen lässt – Altweibersommer.

Die alten rissigen Holztische in dem kleinen Bauernwirtsgarten stehen unterm Laub der Nussbäume geborgen wie in einem dämmergrünen Zelt. Die Sonne kringelt durch die Laublücken auf die grauen Bretter ihr Licht, und der schwanke Schatten der Zweige lässt sie über Tisch, Bank und Rasen spielen. Ganz still ist's da in dem Winkel. Gegen Süden zu geht über Wiesen und Stoppelfelder weg der Blick zum fernen blauen Riss der Berge. –

Ein Apfelbaum steht auf dem Angerl, die schweren Zweige gestützt von Brettern und Stangen. Über einem Restl Wein im Glas brummeln trunksüchtige Wespen um den einschichtigen Gast. Blauer Tabaksrauch wölkt in die Bäume. Man muss sich lang auf der Bank ausstrecken, die Joppe im Genick. Es liegt sich gut. Irgendwo pfeift ein Vogel zwei, drei zage Pfifflein in den wachsenden Mittag und lässt es wieder sein, Hennen kratzen unentwegt und gefräßig im Boden, der Hahn ist schön und sonst nichts, aber überlegen und resigniert zugleich bei seinem Harem.

Ein paar weiße Leintücher sind zum Trocknen zwischen den Bäumen aufgehängt, hinter ihnen geistert lautlos eine Katze. Beim Apfelbaum drüben fällt mit leisem Klacks ein Frühreifer ins Gras, ein gelbes Blatt vom Nussbaum und noch eines schwebt an uns vorbei, und stille steht die Zeit ...

JULIUS KREIS

# Ein großer Sommerklumpen

„Ich sammle den Sommer in mich ein wie die Wildbienen den Honig", sagte sie. „Ich sammle mir einen großen Sommerklumpen zusammen und von dem werde ich leben, wenn ... wenn es nicht mehr Sommer ist. Und weißt du, woraus der besteht? Es ist ein einziger großer Kuchen aus Sonnenaufgängen und Blaubeerreisig mit reifen Beeren und Sommersprossen, die du auf den Armen hast, und abendlichem Mondschein über dem Fluss und Sternenhimmel und Wald in der Mittagshitze. Voll von Sonnenlicht auf den Fichten und kleinen Regenschauern und all so was. Und voller Eichhörnchen und Füchsen und Hasen und Elche und dazu alle Wildpferde, die wir kennen. Und auch noch unser Schwimmen und Reiten im Wald, ja, da hörst du, dass mein großer Kuchen aus allem besteht, was Sommer ist."

Astrid Lindgren

# Leise, leise ...

Dämmerläuten schüttet in den veilchenblauen Abend
weiße Blütenflocken. Kleine Flocken
blank wie Muschelperlen rieseln · tanzen ·
schwärmen weich wie dünne blasse Daunen ·
wirbelnd · wölkend. Schwere Blütenbäume
streuen goldne Garben. Wilde Gärten
tragen mich in blaue Wundernächte ·
große wilde Gärten. Tiefe Beete
schwanken brennend auf · wie Traumgewässer
still und spiegelnd. Silberkähne heben
mich von braunen Uferwiesen
in das Leuchten. Über Scharlachfluten
dunklen Mohns · der rot in Flammensäulen
züngelt · treibt der Nachen. Bleiche Lilien
tropfen schillernd drüberhin wie Wellen.
Düfte aus kristallnen Nächten tauchend ·
schlingen wirr und hängen sich ins Haar ·
und sie locken . . leise · leise . .
und die grünen klaren Tiefen flimmern . .
Purpurstrahlen schießen . . leise sink ich . .
süß umfängt mich müder Laut von Geigen . .
schwingt · sinkt · gleitende Paläste
funkeln fern. Licht stürzt
über mich. Weit · grün
schwebt ein Glänzen . .

ERNST STADLER

## Die Welt ist schön

Die Welt ist schön, die Welt ist gut,
gesehn als Ganzes,
der Schöpfung Frühlingspracht,
das Heer des Sternentanzes.

Die Welt ist schön, ist gut,
gesehn im einzelst Kleinen
Ein jedes Tröpfchen Tau
kann Gottes Spiegel scheinen.

Nur wo du Einzelnes
auf Einzelnes beziehst,
oh, wie vor lauter Streit
du nicht den Frieden siehst.

Der Frieden ist im Kreis,
im Mittelpunkt ist er.
Drum ist er überall,
doch ihn zu sehn ist schwer.

Es ist die Eintracht, die sich
aus der Zwietracht baut,
Wo mancher, vom Gerüst verwirrt,
den Plan nicht schaut.

Drum denke, was dich stört,
dass dich ein Schein betört,
und was du nicht begreifst,
gewiss zum Plan gehört.

Such erst in dir den Streit
zum Frieden auszugleichen,
versöhnend dann soweit du kannst
umherzureichen.

Und wo die Kraft nicht reicht,
da halte dich ans Ganze;
im ew'gen Liebesbund
steht mit dir Stern und Pflanze.

FRIEDRICH RÜCKERT

# Quellen

Suse Anthony, Das Märchen vom Löwenzahn,
© Verlag am Eschbach der Schwabenverlag AG, 79247 Eschbach im
Markgräflerland, 2006
www.verlag-am-eschbach.de ISBN 978-3-88671-554-1

Elizabeth von Arnim, Gänseblümchen und Löwenzahn*, Elizabeth und
ihr Garten, aus: Elizabeth von Arnim, Elizabeth and her German Garden,
1889, Übersetzung von Kristina Schaefer

Ralph Waldo Emerson, Von der Schönheit der Natur*,
aus: Ralph Waldo Emerson, Nature, Addresses and Lectures, Kap. I, 1849,
Übersetzung von Kristina Schaefer

Friedrich Georg Jünger: Im Grase,
aus: Friedrich Georg Jünger: Iris im Wind. Gedichte,
© Vittorio Klostermann GmbH, Frankfurt am Main, 1952

Mascha Kaléko, Sozusagen grundlos vergnügt,
aus: Kaléko, Mascha / Herausgegeben von Zoch-Westphal, Gisela, In
meinen Träumen läutet es Sturm,
© 1977 dtv verlagsgesellschaft, München, S. 70, mit freundlicher Geneh-
migung von dtv Verlagsgesellschaft mbH & Co. KG

Erich Kästner, Die Wälder schweigen,
aus: Erich Kästner, Doktor Erich Kästners lyrische Hausapotheke,
© Atrium Verlag 1936 und Thomas Kästner

Astrid Lindgren, Ein großer Sommerklumpen*,
aus: Astrid Lindgren, Ronja Räubertochter, Oetinger, Hamburg 1982

Klaus Lutz, Blumen, Der Gärtner, © beim Autor

Friederike Mayröcker, was brauchst du,
aus: Friederike Mayröcker, Gesammelte Gedichte 1939-2003.
Herausgegeben von Marcel Beyer.
© Suhrkamp Verlag Frankfurt am Main 2004.

Marcel Proust, Unterholz,
aus: Marcel Proust, Les plaisirs et les jours, Kap. XXVI, 1896, Übersetzung von Kristina Schaefer